中国公益慈善信托

Ius est ars boni et aequi

蔡概还——著

法律出版社 LAW PRESS · CHINA
—— 北京 ——

图书在版编目（CIP）数据

中国公益慈善信托 / 蔡概还著. -- 北京 : 法律出版社, 2024. -- ISBN 978 - 7 - 5197 - 9394 - 4

Ⅰ. D922.282

中国国家版本馆 CIP 数据核字第 2024LU7683 号

中国公益慈善信托
ZHONGGUO GONGYI CISHAN XINTUO

蔡概还 著

策划编辑 似 玉
责任编辑 似 玉
装帧设计 臧晓飞

出版发行 法律出版社
编辑统筹 法律应用出版分社
责任校对 李 军
责任印制 刘晓伟
经 销 新华书店

开本 710 毫米 × 1000 毫米 1/16
印张 15 **字数** 222 千
版本 2024 年 10 月第 1 版
印次 2024 年 10 月第 1 次印刷
印刷 唐山玺诚印务有限公司

地址:北京市丰台区莲花池西里 7 号(100073)
网址:www.lawpress.com.cn
投稿邮箱:info@lawpress.com.cn
举报盗版邮箱:jbwq@lawpress.com.cn

销售电话:010 - 83938349
客服电话:010 - 83938350
咨询电话:010 - 63939796

书号:ISBN 978 - 7 - 5197 - 9394 - 4
定价:62.00 元

凡购买本社图书,如有印装错误,我社负责退换。电话:010 - 83938349

序*

慈善的本质是让人类更幸福，也是人们追求公平、表达关切、传递友爱的基本方式。

人类社会在创造物质财富的同时，也在不断创造精神财富，演绎各种慈善故事。在社会发展的不同阶段，慈善有不同的表现形式，人们不断在实践的基础上进行总结、归纳和创新，希冀找到开展慈善的最佳途径和方式。

我国历史上，出现过很多家族善举，但均无法行稳致远。例如，清末首富盛宣怀去世前留下遗嘱，将其遗产的一半拿出来建立愚斋义庄，救济盛氏贫苦人家和从事社会慈善事业。这项遗嘱的执行监督人是李鸿章的长子李经方。在他的组织下，成立了盛氏财产清理处，负责清算盛氏名下的所有财产，经过两年半的努力工作，认定盛氏名下财产至 1920 年 1 月止，总额为银元一千三百四十九万三千八百六十八两八钱五分五厘，实际可以分的财产为一千一百六十万六千零一十四两三钱

---

* 本书由国务院原参事、友成企业家乡村发展基金会常务副理事长汤敏作序。

八分八厘。据此,1920 年由盛氏家族会议决议,将五成作为家族继承,另外五成捐入愚斋义庄,各得五百八十万三千两。愚斋义庄的财产管理主要是动息不动本,其中四成作为慈善基金,四成作为盛氏公积金,两成作为盛氏家族公用。但是,愚斋义庄的财产不久便被盛家后人变卖和处理。

当我们提及慈善,许多人首先想到的是捐款、捐物,或是志愿者在街头巷尾的辛勤付出。但在金融日益发展的今天,慈善信托作为一种新型的慈善方式,正逐渐走进人们的视野,并在当今中国发挥着越来越重要的作用。

慈善信托,顾名思义,是将慈善与信托相结合的一种慈善工具。它是委托人基于慈善目的,依法将其财产委托给受托人,并按其意愿以受托人的名义进行管理,开展慈善活动的行为。它通过信托公司或慈善组织的专业运作,将委托人的善款或资产进行管理处分,再用于慈善事业,实现了慈善资金的可持续利用。这种方式不仅确保了委托人的资金能够长期、稳定地支持慈善事业,还通过专业机构的运作,提高了资金的使用效率。

那么,为什么慈善信托在当今中国尤为重要呢?

首先,慈善信托符合中国社会日益增长的慈善需求。随着经济的发展和社会的进步,越来越多的企业和个人愿意为慈善事业贡献自己的力量。慈善信托为他们提供了一个新的、更加专业和透明的公益渠道。

其次,慈善信托有助于推动中国的慈善事业向更加规范化、专业化的方向发展。通过信托公司或慈善组织的专业运作,可以确保慈善资金的安全、合规和高效使用,提高慈善事业的公信力和影响力。

慈善信托还具有杠杆效应。通过信托资金的投资增值,可以撬动更多的社会资金参与到慈善事业中来,形成良性循环。

多年来,慈善信托始终紧跟国家重大战略、持续发挥自身独特优势,逐步演化为广泛渗透社会多领域、深度参与社会公共事务的慈善方式,不断满足人民日益增长的美好生活需要,充分发挥第三次分配作用,助力共同富裕目标扎实推进。根据中国慈善联合会慈善信托委员会的统计,[1]截至2023年12月31日,我国慈善信托累计备案数量达1655单,累计备案规模为65.20亿元。其中,仅2023年就新增备案454单,比2022年多增62单;新增备案规模为12.77亿元,较2022年增加1.37亿元。

党的二十大报告提出,要"引导、支持有意愿有能力的企业、社会组织和个人积极参与公益慈善事业"。在欧美国家,70%以上的捐赠来自个人,特别是个人的小额捐赠,企业捐赠只占很小的部分;反观我国,62%的捐赠来自企业,真正的个人捐款只占16%。如何为企业和个人捐赠提供灵活、多元化的渠道和方式,激发社会参与公益慈善事业的热情,提高公众对公益慈善事业的认识,对于通过第三次分配助力共同富裕实现,有重要意义。

随着我国社会经济发展和人民收入水平提升,以公益慈善事业为主体的三次分配在推进共同富裕中的作用将越来越显著。其中,慈善信托是我国公益慈善事业的重要组成部分,也是三次分配的重要新生力量。发展慈善信托,将有利于我国慈善事业的高质量发展,助推第三次分配,助力共同富裕。

蔡概还先生作为我国《信托法》起草组成员,长期从事信托理论与实践工作,对信托制度在我国的发展和应用有深入思考和认识。自2016年以来,他作为中国慈善联合会慈善信托委员会主任,持续跟踪和推动慈善信托在我国的普及和实践,是我国慈善信托发展的见证者和亲历者。他撰写的《中国公益慈善信托》一书,有三个方面的亮点值得关注:一是对公益信托与慈善信托的关系作了梳理,并且对慈善信托与慈善捐赠等相关概念作了比较,这应该是慈善信托发展中很多人关注的问题;二是对家族慈善信托作了专门研究,为家族财富传承与精神传承永续并行提供了良好思路;三是对于慈善信托税收优惠以及其他促进措施作了

---

[1] 以2024年1月15日为统计截止日。

系统梳理,这对于慈善信托长远持续发展意义重大。希望该书的出版,能够促进我国公益慈善信托更健康、更规范地发展。

是为序。

汤　敏

2024 年 3 月 16 日

目录

第一章　我国公益信托的概念与特征

在英美法系语境下，charitable trust 是指为公众利益或者不特定多数人的利益而设立的信托，它以实现公共利益为信托目的，译成中文通常为慈善信托，但也可以是公益信托。“英美法系的 charitable trust 一词，日本和我国台湾地区将其翻译为公益信托。在域外，慈善信托等同于公益信托，两者之间没有差别，只是翻译的不同。”[1]“公益信托也叫公众信托，在英美法系国家叫作慈善信托。”[2]也就是说，公益信托与慈善信托本是同义词，是出于公益目的，为使社会整体或者部分受益而设立的信托。但我国的立法，赋予了公益信托与慈善信托不完全相同的含义，导致两者内涵相似但又有一定区别。当人们提及公益信托和慈

〔1〕 中国信托业协会编著：《慈善信托研究》，中国金融出版社 2016 年版，第 9 页。

〔2〕 高凌云：《被误读的信托——信托法原论》（第 2 版），复旦大学出版社 2021 年版，第 190 页。

善信托时,往往统称为公益慈善信托[1]。本章主要介绍我国的公益信托。

一、引言

公益信托是相对于私益信托(private trusts)而言的,它与私益信托使私人受益不同,公益信托是基于促进社会公益事业的发展,满足社会各方参与公益事业需求而诞生的。“在英美法系国家,公益信托起源很早。”[2]“英国的公益信托古已有之,早在 1601 年就制定了《慈善或公益用益权法》”[3]。“19 世纪晚期工业发展创造了巨额财富,随之出现了越来越多的公益信托。”[4]域外的公益信托从雏形的出现到今天已有数百年的历史,对促进经济社会和公益事业的发展发挥了积极的作用,尤其在解决社会贫困问题、推进现代福利国家的发展进程中发挥了重要的作用。正因为源远流长,域外关于公益信托的种类、规则、税收优惠等,都形成了较为系统的理论体系和制度规范。

《信托法》[5]在第六章专章规定了公益信托,并明确国家鼓励发展公益信托。但一直以来,公益信托在我国几乎没有得到发展。究其主要原因:一是公益信托的设立需经“公益事业管理机构”批准,但我国《信托

---

〔1〕 见《关于规范信托公司信托业务分类的通知》(银保监规〔2023〕1 号)。该通知规定,信托公司应当以信托目的、信托成立方式、信托财产管理内容为分类维度,将信托业务分为资产服务信托、资产管理信托、公益慈善信托三大类。其中,公益慈善信托是委托人基于公共利益目的,依法将其财产委托给信托公司,由信托公司按照委托人意愿以信托公司名义进行管理和处分,开展公益慈善活动的信托业务。公益慈善信托的信托财产及其收益,不得用于非公益目的。公益慈善信托按照信托目的,分为慈善信托和其他公益信托共 2 个业务品种。

〔2〕 何宝玉:《信托法原理研究》(第 2 版),中国法制出版社 2015 年版,第 465 页。

〔3〕 中国信托业协会编著:《信托基础》(第 2 版),中国金融出版社 2020 年版,第 42 页。

〔4〕 高凌云:《被误读的信托——信托法原论》(第 2 版),复旦大学出版社 2021 年版,第 190 页。

〔5〕 《信托法》:2001 年 4 月 28 日第九届全国人民代表大会常务委员会第二十一次会议通过,并于同年 10 月 1 日起施行。

法》出台后,一直未制定有关公益信托的实施细则,未进一步明确哪些政府部门属于“公益事业管理机构”,导致实践中审批缺位。为什么法律中不直接列举公益信托的批准部门,而是将涉及公益信托的多个批准部门统称为“公益事业管理机构”呢？这主要是出于立法技巧的考量,目的是保持法律的稳定性,[1]不因国务院机构改革而频繁修改法律。二是公益信托的配套制度不健全,特别是没有出台公益信托税收方面的优惠措施。因此,公益信托在我国的实践屈指可数。

正是由于公益信托没有得到发展,2016 年我国制定《慈善法》[2]时,在《信托法》关于公益信托规定的基础上,专门就“慈善信托”又作了专章规定,一方面明确慈善信托实行备案制,同时规定未备案的慈善信托不享受税收优惠。这在一定程度上使得公益信托在我国彻底陷入沉寂和停滞,但同时又极大地促进了慈善信托的健康规范发展。

本章之所以依然对公益信托作出介绍,主要是《慈善法》[3]第 44 条规定“慈善信托属于公益信托”,同时《慈善法》第 51 条进一步明确:对慈善信托的设立、信托财产的管理、信托当事人、信托的终止和清算等事项,《慈善法》未规定的,适用《信托法》的有关规定。故我国当前虽然几乎没有公益信托的实践,但仍需保留《信托法》关于公益信托的相关规定,以作为慈善信托的上位法规范。

鉴于此,本书首先对公益信托作出专章介绍,在此基础上,系统地重点介绍慈善信托的有关内容,即第二章“我国慈善信托的定义及与相关

---

〔1〕 例如《银行业监督管理法》中关于银行业金融机构的监督管理部门,该法统一表述为“国务院银行业监督管理机构”,无论国务院如何机构改革,该表述均无须修改。只不过与“国务院银行业监督管理机构”不同的是,“公益事业管理机构”不是“一对一”而是“一对多”,即对应多个有关公益事业的管理机构。

〔2〕 《慈善法》:2016 年 3 月 16 日第十二届全国人民代表大会第四次会议通过,并于同年 9 月 1 日起施行。2023 年 12 月 29 日,第十四届全国人民代表大会常务委员会第七次会议通过《全国人民代表大会常务委员会关于修改〈中华人民共和国慈善法〉的决定》,并于 2024 年 9 月 5 日起施行。

〔3〕 本书所引用的《慈善法》条文,均出自《中华人民共和国慈善法(含草案说明)》,中国法制出版社 2023 年版。

概念的比较”，第三章“慈善信托目的与种类”，第四章“慈善信托的设立、变更、终止与备案”，第五章“慈善信托财产”，第六章“慈善信托当事人”，第七章“慈善信托财产的管理处分”，第八章“慈善支出与慈善项目实施”，第九章“慈善信托的监管与信息公开”，第十章“慈善信托的促进措施”，第十一章“关于家族慈善信托的思考”，第十二章“慈善信托与共同富裕”。

二、公益信托的定义与社会价值

（一）信托的渊源与概念

1. 信托的起源与发展

信托制度并非古而有之，它源于英美法系国家，但它的影响，又及于大陆法系国家和地区，特别是日本、韩国和我国大陆及台湾地区。

早在罗马法时期，就出现了信托的雏形——信托遗赠，即被继承人要求继承人在其死后，将所取得的财产转移给特定的第三人。真正意义上的信托，产生于 11 世纪的英国。当时英国出现了一种“用益权”，即根据当事人约定，一方将财产转移给另一方管理处分，收益归他方所有。因为这种“用益权”一度被人们用来规避向封建地主交纳租金，并使宗教组织能获得他们不能直接享有的土地收益，损害了封建贵族与国王的利益。“在这一社会背景下，《用益法》于 1535 年诞生”，[1]但它没有否定用益权制度本身，而是明确了用益权人为财产的实际所有者，从而使用益权人缴纳土地税赋。通过这个法令确立的双重用益权，构成了现代信托法论的基础，被后人称为信托，并逐渐发展成为一项极为重要的财产管理制度，在经济生活中发挥着重要的作用。

信托在起源之初，主要用于民事领域，如管理小额信托财产、执行遗

[1] 中国信托业协会编著：《信托基础》（第 2 版），中国金融出版社 2021 年版，第 36 页。

嘱和管理遗产、保管证券及重要文件等，受托人一般为委托人信任的亲朋好友，且不收取任何酬劳，因此这一时期的信托通常被称为传统的无偿信托。有偿的现代信托，一般认为以英国1863年成立的国际财政公司为标志，它的成立适应了英国第一次工业革命后资本输出的需求，代财产所有人实现了海外投资获取高额利润的梦想。其后，英国出现了各种各样的信托机构和银行信托部，特别是在其殖民扩张过程中，营业信托得到了快速的发展。据不完全统计，英国在20世纪初，其全国财产有1/20成为信托财产。英国殖民主义的结果，也使越来越多的国家和地区承认并建立了信托制度。

所有引进信托制度的国家和地区，都继受了信托的本质和基本原理，如信托财产的独立性、受托人的信义义务等。但这些国家和地区并非都是拿来主义，有的进行了创新发展，有的将某些内容作了移植，有的结合本国传统作了变动。美国对信托的贡献，赋予了信托更多的商业功能，完成了个人信托向法人信托的过渡、民事信托向金融信托的转变。日本结合国情，对信托业务和经营方式给予了发展。因此，世界各国的信托原理虽然相通，但国家与国家之间对信托的相互引进、借鉴，在具体规则上并没有统一的理解、划一的模式，在某一具体信托品种的设计上，可能还存在相互矛盾的地方。我国2001年制定并出台了《信托法》，也是结合我国国情和成文法特点对信托制度的又一次借鉴和发展。

2. 信托的概念

根据我国《信托法》第2条的规定，信托是指委托人基于对受托人的信任，将其财产权委托给受托人，由受托人按委托人的意愿以自己的名义，为受益人的利益或者特定目的，进行管理或者处分的行为。我国信托的概念，包含以下四个方面的含义：

(1)委托人信任受托人。委托人对受托人的信任，是信托关系成立的基础。通常，受托人是委托人信任的亲友、社会知名人士或某个组织，或者是具有专业理财经验的商业经营机构，委托人可以放心地让他们实现自己的某种目的或者愿望。正是因为受托人受到委托人的信任，一旦受托人接受信托，就应当忠诚、谨慎、尽职地管理处分信托财产和处理信托事务，即所谓的受人之托，忠人之事。

(2)委托人将财产权委托给受托人。信托是一种以财产为中心的法律关系，信托财产是成立信托的第一要素，没有特定的信托财产，信托就无法成立。所以，委托人设立信托，必须将其财产权委托给受托人。原则上，除身份权、名誉权、姓名权以外，其他任何权利或者可以用金钱计算价值的财产权，如物权、债权以及专利权、商标权、著作权等知识产权，都可以作为信托财产设立信托。

(3)受托人以自己的名义管理、处分信托财产。委托人将信托财产委托给受托人后，对信托财产失去直接控制权，受托人完全以自己的名义对信托财产进行管理或者处分，不需要借助于委托人、受益人的名义，这是信托的一个重要特征。

(4)受托人应当为受益人的最大利益服务。根据信托的定义，受托人以自己的名义管理、处分信托财产有两个基本前提：一是必须按照委托人的意愿进行管理或者处分，不得违背委托人的信托目的。二是管理或者处分信托财产的目的，必须是为了受益人的最大利益，受托人不能为了自己或者第三人的利益，从信托财产中谋取私利。

对信托的上述定义，在我国《信托法》颁布后引发了广泛争议，焦点是“委托给”这一表述。因为域外的信托制度，是建立在信托财产所有权转移基础上的。我国信托立法过程中，草案历稿沿袭了域外关于信托含义的界定，即在定义中明确委托人设立信托应当“转移”财产所有权。在2001年信托法提交全国人大常委会三审时，信托法草案进入最后定稿阶段，并将“转移给”改为了“委托给”。作“委托给”表述的原因，主要在于大陆法系国家重“一物一权”原则，引入信托时有去信托“双重所有权”化的趋势，即信托财产虽处于受托人的实际控制之下，但受托人不能像处分自己的财产那样随心所欲，要把受托人接受的信托财产与其固有财产严加区别。本书认为，未来完善信托定义并不一定非要明确“转移给”。如果把域外信托设立的过程拆解，可以分为以下4个步骤：一是委托人将拟设立信托的财产从其固有财产中分离出来；二是委托人将财产交付信托，委托人将拟设立信托的财产转移出去；三是设立信托的财产成为信托财产，具有法律上的独立性；四是信托财产转移至受托人名下，受托人成为新的所有权人。我国的《信托法》实现了前三步，实现了信托财产的独立性，已经体现出了信托制度的精髓，使信托与委托代理、行纪等其他制度有了本质区别。至于第四步，我国《信托法》没有直接明确，作了模糊处理。实务中，信托财产处于受托人的实际控制之下，模糊处理并未带来什么严重后果。例如，信托型证券投资基金财产，虽没有明确其归谁所有，但并没有引起业界的争论不休。

（二）公益信托的概念

公益信托属于信托的一种类型，是指为了公共利益目的而设立的信托。英国《2000 年受托人法》第 39 条规定，公益信托是为了公益目的而持有财产的信托。[1] 美国法律学会编纂的《信托法重述》（第 2 版）第 348 条将公益信托定义为关于财产的信义关系，产生于设立信托的意图，使个人持有财产并承担衡平法上的义务，为公益目的处分财产。日本《关于公益信托的法律》[2]第 1 条明确，公益信托是以学术、技艺、慈善、祭祀、宗教及其他公益为目的，未限定受益人的信托。

通常认为，“公益信托系目的为公益的信托，是指为不特定公众的利益设立的信托”[3]。它由委托人提供一定的财产设立，由受托人对该财产进行管理处分，并将信托本金及其收益用于信托文件所指定的公益目的。它既可以直接资助受益人的生活、教育或者学术研究活动等，也可以用于发展某一项或者某些公益活动。

每一个公益信托都专注服务于公益目的。英国《1601 年慈善或公益

---

〔1〕《英国信托法：成文法汇编》，葛伟军译，法律出版社 2012 年版，第 353 页。

〔2〕［日］新井诚：《信托法》（第 4 版），刘华译，中国政法大学出版社 2017 年版，第 504 页。该法于 1923 年 1 月 1 日施行，2006 年 12 月 15 日修订。

〔3〕高凌云：《被误读的信托——信托法原论》（第 2 版），复旦大学出版社 2021 年版，第 190 页。

用益权法》最早列举了法律承认的各项公益目的：救济老弱贫困的人，救护伤病残废的人和海员，资助学术机构，兴办义学和大专院校，修筑桥梁、港口、避风港、行人道、教室、防洪堤坝和公路，养育孤儿，援助和资助惩教所，资助贫困的未婚女子结婚，支持、援助和帮助年轻的商人、手工艺人和年老退休者，帮助或救济囚犯、俘虏重新生活，援助贫民以减轻其负担等。“到1891年，著名法官Lord Macnaughten在广为引用的经典判例Commissioners of Income Tax v. Pemsel(1891)案，将法律意义上的公益目的概括为四类，即救济贫困、促进教育、倡导宗教和其他有利于社会的目的。”〔1〕美国《信托法重述》(第2版)第368条明确，“公益目的包括救济贫困、发展教育、发展宗教、促进健康，以及为了政府与市政目的和其他对社区有利的目的等。具体包括提高公众的受教育水平或对宗教的认知程度，帮助他们减轻病痛的折磨，协助他们开始新的生活，建设和维护公共建筑和设施，以及减轻政府的负担等”〔2〕。韩国《信托法》规定公益目的包括学术、宗教、技艺、祭祀、慈善、艺术等。〔3〕

我国《信托法》第60条规定，为了下列公共利益目的之一而设立的信托，属于公益信托：(1)救济贫困；(2)救助灾民；(3)扶助残疾人；(4)发展教育、科技、文化、艺术、体育事业；(5)发展医疗卫生事业；(6)发展环境保护事业，维护生态环境；(7)发展其他社会公益事业。也就是说，我国的公益信托“就是为了救济贫困、救助灾民，扶助残疾人，发展教育、科技、文化、艺术、体育、医疗卫生事业，发展环境保护事业、维护生态平衡，以及发展其他社会公益事业而依法设立的信托”〔4〕。

1. 救济贫困。“救济贫困是各国公认的首要公益目的，因为任何社

---

〔1〕 何宝玉：《信托法原理研究》(第2版)，中国法制出版社2015年版，第478～479页。

〔2〕 高凌云：《被误读的信托——信托法原论》(第2版)，复旦大学出版社2021年版，第191页。

〔3〕 参见徐孟洲主编：《信托法》，法律出版社2006年版，第203～204页。

〔4〕 全国人大《信托法》起草工作组编：《〈中华人民共和国信托法〉释义》，中国金融出版社2001年版，第144页。

会都希望消灭贫困,至少消灭温饱不足的绝对贫困。”[1]关于贫困的含义和标准,在不同的时间和地点,其解释可能并不相同。一般来说,收入在当地政府规定的最低收入水平以下的,或者低于贫困线标准的,无疑应当属于贫困者。“一般来说,下列行为都属于救济贫困:(1)对贫困者、孤寡老人和其他生活困难的人提供一般性经济资助,或者资助其生活费、医疗费等费用,或者给予物质资助;(2)直接收养、照顾孤寡老人、孤儿弃婴等;(3)为穷人建立免费施食处、济贫院、护理所等。”[2]

2.救助灾民。发生自然灾害或者其他灾害时,直接向灾民提供资金、物质帮助,或者通过其他机构提供经济或物质资助,帮助灾民解决生活、生产困难等。与救济贫困相比,灾民原先并不一定贫困,而是因为灾害暂时陷入需要救济的境地。只要灾民的生活陷入困难,缺乏某种生活必需品,确实需要救济,以此目的设立的信托就是公益信托。

3.扶助残疾人。残疾人是社会的弱势群体,由于身体或者身心的障碍,他们的生活一般比较困难。“帮助残疾人不仅体现了人类的人道主义精神,也是整个社会应当承担的责任。”[3]因此,通过提供财物设立信托来扶助残疾人的,当然属于公益信托。需要注意的是,直接帮助某个特定的残疾人,并不能构成公益信托,可以成立有效的私益信托。

4.发展教育、科技、文化、艺术、体育事业。发展教育、科技、文化、艺术、体育事业的范围比较广泛,“关系到全社会精神文明建设,有利于增强国家软实力,提高全民素质,有利于人民的身体健康”[4]。只要提供财物设立信托的目的是发展这些事业,都可能构成公益信托。例如,出资设立学校或者维持现有学校的运行;设立奖学金,奖励优秀师生,或资助新学科、新课程等;以及出资设立或者维护博物馆、美术馆、图书馆,资

〔1〕何宝玉:《信托法原理研究》(第2版),中国法制出版社2015年版,第470页。

〔2〕全国人大《信托法》起草工作组编:《〈中华人民共和国信托法〉释义》,中国金融出版社2001年版,第148页。

〔3〕何宝玉:《信托法原理研究》(第2版),中国法制出版社2015年版,第470页。

〔4〕李适时、李立国主编:《中华人民共和国慈善法释义》,中国民主法制出版社2016年版,第29页。

助公共艺术团体或组织,资助公共体育运动以及资助相关的科学研究等。

5. 发展医疗卫生事业。医疗卫生事业包括国家和社会为保障、提高人民的健康水平、诊治疾病而建立的法制体系、组织体系、服务体系和服务过程等,涉及社会公共卫生服务、医疗服务、健康促进服务以及与这些服务相关的保障体系、组织管理和监督体系等。一般认为,“出资兴建、扩建、维护公益性医院、诊所、疗养院,救助患有某种特殊疾病的病人或者一般性地救助病人,资助医学科学、技术和药物的研究、运用等,都可归入增进健康的公益目的”[1]。

6. 发展环境保护事业,维护生态平衡。一直以来,环境保护都被全世界重视,英美等国家先后通过法院判例确认,环境保护属于公益目的。我国《公益事业捐赠法》明确规定,发展环境保护事业、维护生态平衡属于公益目的。对此,我国《信托法》再次予以确认。党的二十大报告指出,要坚持“绿水青山就是金山银山”的理念,坚持山水林田湖草沙一体化保护和系统治理,全方位、全地域、全过程加强生态环境保护。一般来说,出资或者捐物设立用于防止或清除环境污染,植树造林,采取措施防治沙漠化危害,科学处理工业废料和生活垃圾等致污物质,进行环境保护方面的科学研究等的信托,都属于公益信托。

7. 发展其他社会公益事业。由于公益事业的范围随着社会、经济的发展而变化,采用列举的办法明确公益事业的范围,显然难以适应这种变化。为此,我国《信托法》作出该项兜底规定,以便涵盖未来可能新增的公益目的。例如,在其他一些国家和地区,戒毒、戒酒,建立和维护社会公众休闲设施等公共设施,保护动物不受伤害,增强国家的防御力量,发展宗教等,也被视为公益事业。“不过,发展其他社会公益事业的信托是否构成公益信托,通常需要立法或者法院判例予以确认。例如,英国议会曾经专门制定《1958 年休闲慈善法》明确规定,为某个地区的居民

---

[1] 何宝玉:《信托法原理研究》(第 2 版),中国法制出版社 2015 年版,第 471 页。

建立休闲设施的信托属于公益信托。”[1]

（三）公益信托的社会价值

公益信托以实现公益目的为宗旨，可以促进社会的发展和进步，是一项有利于国家和社会的公益活动。因此，大部分国家和地区都鼓励发展公益信托。

1. 公益信托能够丰富人们参与社会公益事业的途径和方式。据本书作者了解，域外的公益方式主要包括公益法人、志愿服务及公益信托等，其中以公益法人最为常见，并逐步形成以公益法人为主、以公益信托为辅的公益事业构架。“公益信托与公益财团法人发挥几乎同样的社会功能，犹如车之两轮。”[2]但长期以来，我国的公益途径和方式主要是公益法人与慈善捐赠。通过立法增加公益信托这一新型慈善方式，能够在公益法人之外，为人们参与社会公益事业增添新的途径和方式。人们在开展公益活动时，既可以选择公益法人，也可以选择公益信托。“实践证明，公益法人与公益信托在发展社会公益事业方面，可以发挥互补作用。”[3]

2. 公益信托能够帮助人们更好地实现财富传承。财富传承包括两个方面：一是物质财富的传承；二是精神财富的传承。财富传承不仅是金钱物质财富的传承，还有价值观、文化观、道德观和精神的传承，而公益慈善就是最高境界的财富传承。人们在财富传承的过程中加入公益慈善元素，不仅可以体现个人或者家族的社会责任，也是人们回馈社会，实现个人心愿，发挥影响力的过程。从域外实践看，财富传承通常采用家族慈善信托的方式，即设立一个家族信托，既让家族后代从中获取部分本金或者收益，同时，更多地让家族信托本金或收益通过公益信托用

---

〔1〕 何宝玉：《信托法原理研究》（第2版），中国法制出版社2015年版，第472页。

〔2〕 赖源河、王志诚：《现代信托法论》（增订3版），中国政法大学出版社2002年版，第211页。

〔3〕 何宝玉：《信托法原理研究》（第2版），中国法制出版社2015年版，第467页。

于公益事业。对于家族慈善信托,本书将在第十一章进行专门介绍。

3. 发展公益信托,有利于慈善事业的高质量发展。“21 世纪出现的各种难题,绝非政府可以独自解决的,要与民间非营利部门合作方能解决。民间非营利活动(philanthropy),意思是人类的爱。民间非营利活动是依靠个人、企业、市民团体的志愿者活动,公益法人、社会福祉法人、学校法人、特定非营利活动法人等主体来承担的,公益信托也承担着该活动的一部分。”[1]公益信托是我国公益事业的一个重要组成部分,在中国特色社会主义建设中,发展公益信托,是对中华民族优秀美德的传承,是对社会主义核心价值观的弘扬。

4. 发展公益信托,有利于推进第三次分配,助力共同富裕。“公益信托的目的是使社会公众受益,发展公益信托有利于发展社会公益事业,改善和提高社会中需要帮助的一部分人的物质和文化生活水平。”[2]我国发展公益信托,将人们的财富传承需求和公益慈善意愿结合起来,将在构建和谐社会、缩小贫富差距、辅助弱势群体、缓解社会矛盾等多方面发挥重大作用,推动解决当前阶段的社会主要矛盾,助力人民美好生活,助力共同富裕。对于慈善信托与共同富裕,本书将在第十二章进行专门介绍。

三、公益信托的主要内容和基本特征

根据我国《信托法》的规定,公益信托除了具备一般信托的特征外,还具有以下特点。

---

〔1〕［日］新井诚:《信托法》(第 4 版),刘华译,中国政法大学出版社 2017 年版,第 359 页。

〔2〕全国人大《信托法》起草工作组编:《〈中华人民共和国信托法〉释义》,中国金融出版社 2001 年版,第 149 页。

(一)信托目的具有纯公益性

1. 公益信托以公共利益为目的,其信托目的必须实质上有利于社会公众的利益。一项信托要构成公益信托,其信托目的必须完全彻底地属于公益目的,不能包括任何非公益目的。这是公益信托的一个基本特征,也是成立公益信托的一项基本要求。因此,公益信托的性质要求,信托财产必须完全彻底地用于公益目的,不得用于私人目的。公益信托的这一公益特性,排除了私人利益的可能性。设立有效的公益信托,其信托目的必须是合法的公共利益目的,而且该目的必须完全是公益目的;信托目的不止一项时,每一项目的都必须是公益目的。假如一项信托的多项信托目的中,既有公益目的,也有非公益目的,即该信托包括私益因素,就不能构成公益信托。

对此,我国《信托法》第 60 条明确规定,为了公共利益目的而设立的信托,方属于公益信托。

2. 公益信托的信托财产及其收益,必须用于公益目的。委托人将自己的财产设立公益信托必须是无偿的,通常也是无条件的。公益信托的目的是实现社会公共利益,委托人及其关联人不能要求从信托财产中受益。同时,公益信托成立后,信托财产一般可以用于经营活动,使信托财产保值增值,以更好地实现公益目的,这也是域外的通行做法。对此,公益信托财产投入经营后取得的收益,也必须全部用于公益目的。即使信托目的已经实现,公益信托的财产及其收益通常也应当按照近似原则,用于近似的公益目的。

对此,我国《信托法》第 63 条规定,公益信托的信托财产及其收益,不得用于非公益目的。"用于设立信托的全部财产,必须完全彻底地用于公益目的,这是各国信托法、慈善法对公益信托的基本要求。"[1]

3. 受益对象不特定。受益对象不特定是指最终享受信托利益的人

〔1〕 何宝玉:《信托法原理研究》(第 2 版),中国法制出版社 2015 年版,第 484 页。

(受益人)没有也不能在公益信托文件中事先明确。公益信托的受益人必须是不特定的,是按照委托人规定的条件,在委托人指定的范围内,由受托人选择确定,而不是由委托人在信托文件中事先指定。这是公益信托与私益信托的一个重要区别。例如,某信托的目的是奖励某地区的优秀学生,以促进该地区教育事业的发展。即使该信托每年只资助一两位优秀学生,它也是一项公益信托;但如果该信托的目的是资助委托人或其亲属的子女,即使每年的受益人是两位或两位以上,该信托也是一项私益信托。通常情况下,公益信托的委托人在信托文件中只能笼统规定信托利益的资助项目或者受益范围,不能将受益对象具体化、特定化。当然,委托人可以规定或者限定受益人的人数、受益人享有的信托利益的数额等。在具体受益人的产生办法上,依照各国惯例,由受托人根据公益信托文件的规定进行挑选与确定。

4.公益信托终止,其剩余财产原则上应当适用近似原则,用于与原信托目的相近似的公益目的。私益信托终止后,信托财产仍有剩余的,受托人应当交付委托人指定的权利归属人;委托人未指定的,受托人应当依次交付给信托受益人或其继承人、委托人或其继承人。公益信托终止后的剩余财产,原则上应当适用近似原则。近似原则,是指公益信托终止后,剩余的信托财产应当用于与原信托目的相近似的公益目的。英美法系国家的信托法中,近似原则的适用范围更加广泛。比如,英国《1960年慈善法》规定,除上述情况外,在下列情况下,也可以适用近似原则:(1)公益目的部分得以实现;(2)将某项公益信托的财产与其他类似公益信托的财产放在一起使用效果更好;(3)从博彩或发行彩票等途径获得的资金;(4)委托人书面表示放弃收回剩余信托财产;(5)受益对象已不适宜。[1] 大陆法系国家承认近似原则,但更重视剩余信托财产的归属,只有剩余信托财产没有权利归属人,或者权利归属人是不特定的社会公众时,才适用近似原则。

---

〔1〕 何宝玉:《信托法原理研究》(第2版),中国法制出版社2015年版,第507页。

我国《信托法》亦对近似原则作出了规定，该法第 72 条规定，“公益信托终止，没有信托财产权利归属人或者信托财产权利归属人是不特定的社会公众的，经公益事业管理机构批准，受托人应当将信托财产用于与原公益目的相近似的目的，或者将信托财产转移给具有近似目的的公益组织或者其他公益信托”。需要注意的是，我国公益信托适用近似原则的前提是“没有信托财产权利归属人”。这意味着，如果一个公益信托约定了剩余信托财产的权利归属人，则无须适用近似原则。对此，不少人建议修改《信托法》，删除这一前提性规定。本书作者认为，这一规定考虑到了公益先行信托[1]等公益信托类型，其立法考量是科学的，不需要作出修改。但对于一些特别的公益信托，如享受税收优惠的慈善信托，本书作者也赞成法律可以限制其约定权利归属人，即明确规定慈善信托终止后，只要有剩余信托财产，就应当用于近似的社会公益目的。这样做，可能更符合慈善信托的纯公益特性，也可以避免让人对慈善信托的公益属性心生疑虑。

（二）接受严格监管

1. 设立公益信托应经公益事业管理机构批准。未经批准，任何单位和个人均不得以公益信托的名义进行活动。设立私益信托通常不需要审批，但设立公益信托，必须由公益事业管理机构予以批准。公益事业管理机构是指依照规定的职权分别负责主管有关公益目的事业的政府有关部门。例如，设立扶贫济困的公益信托，应当经民政行政主管部门批准；设立发展医疗卫生事业的公益信托，应当经卫生行政主管部门批准；设立发展教育事业的公益信托，应当经教育行政主管部门批准等。之所以法律没有直接罗列予以一一明确，属于一项立法技巧，一方面避免机构改革影响法律的稳定性，同时避免挂一漏万。

---

〔1〕 公益先行信托亦称慈善先行信托，是由委托人设立一个公益信托，在公益信托存续期间先将信托本金及其收益用于公益事业，待公益信托终止时若有剩余，可以约定将剩余财产支付给委托人指定的受益人。关于慈善先行信托的有关内容，详见本书第十一章的介绍。

对此，我国《信托法》只是作出原则性规定，需要各有关公益事业管理机构出台实施细则，进一步明确设立条件、审批部门、审批流程、审批时限等事项。

同时，公益信托的目的是社会公共利益，发展公益信托是一项高尚的事业。为防止有人利用公益信托的名义，欺骗社会公众，谋取私利。我国《信托法》进一步规定，未经公益事业管理机构的批准，任何单位和个人不得以公益信托的名义进行活动。

2. 公益信托受托人的确定、变更与辞任，须经公益事业管理机构批准。担任私益信托的受托人，除了特定信托需要一定资质、公募信托需要严格监管外，通常无须经相关部门的批准。而公益信托涉及公共利益，对受托人的要求要高于私益信托，由于公益信托受托人管理的是公益信托财产，其经验、知识和管理能力等方面的要求，要比一般受托人更为严格。因此，公益信托受托人的确定，应当经公益事业管理机构批准。

同时，公益信托的受托人未经公益事业管理机构批准，不得辞任。根据公益信托的性质，公益信托的受益人是不特定的社会公众，其委托人可能已经死亡或者依法解散、被依法撤销、被宣告破产，受托人因故需要辞任的，通常无法征得委托人、受益人的同意。为维持公益信托的运作，受托人需要辞任的，需由公益事业管理机构予以批准，既便于加强对受托人管理信托事务的监督，也有利于避免损害社会公共利益。

此外，当公益信托的受托人违反信义义务或者无能力履行其职责时，由公益事业管理机构变更受托人。这一规定，实际上明确了公益事业管理机构有权变更公益信托受托人，排除了其他单位和个人变更公益信托受托人的权利。

3. 应当设置信托监察人。公益信托设立后，委托人可能先于信托终止而消失，其受益人又通常是不特定的社会公众，无法对受托人进行检查监督。为了保护委托人、受益人的合法利益，公益信托应当设置信托监察人。“我国《信托法》规定，公益信托应当设立监察人。这主要是考虑到：其一，公益信托以不特定的社会公众为受益人；其二，公益信托存续期间，具体的受益人在现实地取得信托利益之前，并不能像私益信托受益人那样具有明确的受益人身份，不能直接以受益人身份监督公益信托的实施；其三，公益信托的实施和管理涉及公共利益。”[1]

理论上，信托监察人可以是一人，也可以是两人及两人以上。法律对信托监察人没有规定资格限制，依照民法一般原理，没有民事行为能力或者限制民事行为能力人，如未成年人，受破产宣告尚未解除责任者，一般不得担任信托监察人。同时，信托监察人由信托文件规定或者公益事业管理机构指定，有权以自己的名义，为维护受益人的利益，提起诉讼或者实施其他法律行为。

需要注意的是，我国《信托法》对公益信托监察人的指定和职权只作出了原则规定，实务中要区别信托监察人权利与受益人权利的行使。为确保和监督受托人适当管理和处分信托财产，信托监察人可以行使受益人享有的监督权，监督受托人依照信托文件履行信义义务，促使受托人为受益人的最佳利益处理信托事务。但信托监察人独立于受益人，不能享有受益人以受益人身份享有的实质权利，如信托利益享有权等。信托监察人以自己的名义依法提起诉讼或者其他法律行为获得的利益，也应纳入信托财产或者交付受益人。

4. 接受公益事业管理机构的监督检查。公益事业管理机构依法监督和管理公益信托，有权检查受托人处理公益信托事务的情况和财务状况，不受时间的限制。“为保护社会公众的利益，公益事业管理机构依法监督和管理公益信托，有权随时行使检查权。”[2]

监督检查的范围包括受托人执行信托事务的情况，信托财产的管理和处分情况，特别是公益信托目的实现情况等。对于检查出的问题，公益事业管理机构认为必要的，为保障公益信托目的的实现，可以采取必要的监管措施。

---

〔1〕 何宝玉：《信托法原理研究》（第2版），中国法制出版社2015年版，第384~385页。

〔2〕 何宝玉：《信托法原理研究》（第2版），中国法制出版社2015年版，第499页。

5. 公益事业管理机构有权变更信托文件内容。公益信托成立后,发生设立信托时不能预见的情形,公益事业管理机构可以根据信托目的,变更信托文件中的有关条款。在私益信托的情况下,信托生效后,因设立信托时未能预见的特别事由,致使信托财产的管理方法不利于实现信托目的或者不符合受益人的利益时,委托人、受益人有权要求受托人调整该信托财产的管理方式。但公益信托的委托人可能已经死亡或者依法解散、被依法撤销、被宣告破产,受益人也可能是不特定的社会公众,通常无法要求受托人变更信托财产的管理方式。而且,公益信托的目的是促进社会公共利益,应受到更严格的监管。因此,公益信托成立后发生设立信托时不能预见的情形,不利于实现信托目的的,公益事业管理机构可以根据信托目的,变更信托文件中的有关条款,以更好地实现公益信托的公益目的。

6. 受托人要进行充分的信息披露。一方面,公益信托的受托人应当至少每年一次作出信托事务处理情况及财产状况报告,说明自己处理信托事务的基本情况、信托财产的管理和处分情况以及财务状况等。该报告经信托监察人认可后,报公益事业管理机构核准,并由受托人予以公告。公益信托的受托人应当将处理信托事务及财务状况的报告,向社会公众公告,接受社会公众的监督。同时,当公益信托终止时,受托人应当于终止事由发生之日起 15 日内,将终止事由和终止日期报告公益事业管理机构。

此外,公益信托终止的,受托人作出的处理信托事务的清算报告,应当经信托监察人认可后,报公益事业管理机构核准,并由受托人予以公告。

(三)国家鼓励发展

1. 我国《信托法》第 61 条明文规定,国家鼓励发展慈善信托。公益信托不谋私利,其目的是使社会公众受益,能造福人类,推动社会的发展与进步。在英美等国家,公益信托起源很早,在社会生活中,特别是在发展社会公益事业方面,公益信托发挥了非常重要的作用。英美许多著名大学、博物馆、美术馆、艺术馆甚至自然风景区,都属于公益信托。在一定意义上说,公益信托客观上履行了政府的一些社会职能。因此大部分推行公益信托的国家和地区,都制定了相应的优惠政策,其中最主要的是对公益信托的税收优惠政策。在我国,发展公益信托有利于推进社会公益事业,改善和提高社会中需要帮助的人的物质和文化生活水平,推动第三次分配,助力共同富裕。对此,我国对公益信托也采取鼓励发展的态度,遗憾的是一直以来没有看到有关公益信托优惠政策和措施的出台。

2. 公益事业管理机构应当支持公益信托的开展。通过公益信托活动,可以动员社会各方面的力量,解决社会面临的诸多问题。因此,公益信托活动有利于社会公众的利益,公益事业管理机构对于公益信托活动应当给予支持。对于设立公益信托的申请,公益事业管理机构应当尽快依法予以审批,不能拖延或者故意刁难申请人。为促进公益信托的发展,公益事业管理机构不应规定烦琐的程序和审批手续,尽量为公益信托当事人提供简便、快捷的服务,引导社会公众将私人财产用于发展公益事业,实现社会公共利益。

3. 公益事业管理机构违反法律规定的,委托人、受托人或者受益人有权向人民法院起诉。根据我国《信托法》的有关规定,公益事业管理机构违反法律规定的职责,有下列行为之一的,公益信托的委托人、受托人或者受益人有权向人民法院起诉:(1)应当依法批准申请人提出的设立公益信托的申请,但却未予批准的;(2)不依法支持公益信托活动的;(3)信托文件未规定信托监察人,依法应当由公益事业管理机构指定,但公益事业管理机构不指定的;(4)公益信托的受托人申请辞任,公益事业管理机构应当批准却不予批准的;(5)未依法检查公益信托受托人处理信托事务的情况及财产状况,或者未依法核准受托人作出的处理信托事务情况及财产状况报告的;(6)受托人违反信义义务或者无力履行职责,公益事业管理机构应当依法变更受托人但却未予变更的;(7)公益信托成立后发生设立信托时不能预见的情形,公益事业管理机构依法应当根据信托目的变更信托条款,但却未予变更的;(8)未依法核准公益信托终止后受托人作出的处理信托事务的清算报告的;(9)应当依法批准将公益信托终止后的剩余信托财产用于类似的公益目的,或者转移给具有近似目的的其他公益信托或公益组织,但公益事业管理机构未予批准的。

第二章　我国慈善信托的定义及与相关概念的比较

我国的慈善信托是在公益信托的基础上发展起来的,慈善信托属于公益信托。我国《慈善法》针对慈善信托,在《信托法》关于公益信托一般性规定的基础上,又作出了一些特别规范。

一、慈善信托的定义

我国《慈善法》第 44 条规定,慈善信托是指委托人基于慈善目的,依法将其财产委托给受托人,由受托人按照委托人意愿以受托人名义进行管理和处分,开展慈善活动的行为。根据这一定义,我国的慈善信托具有以下 5 个主要特征:

1. 委托人基于慈善目的设立慈善信托。慈善目的是各国在对慈善信托进行定义时,最核心、最首要的元素,也是慈善信托区别于私益信托的根本所在。论及具体的慈善目的,虽然各国普遍一致地将促进教育、医疗、环保、科技、文化事业发展纳入慈善目的范畴,但在具体领域上存在一些差异。我国《慈善法》第3条规定,本法所称慈善活动,是指自然人、法人和非法人组织以捐赠财产或者提供服务等方式,自愿开展的下列公益活动:(1)扶贫、济困;(2)扶老、救孤、恤病、助残、优抚;(3)救助自然灾害、事故灾难和公共卫生事件等突发事件造成的损害;(4)促进教育、科学、文化、卫生、体育等事业的发展;(5)防治污染和其他公害,保护和改善生态环境;(6)符合本法规定的其他公益活动。

2. 委托人设立慈善信托,应当依法将财产委托给受托人。信托是一种以财产为中心的法律关系,信托财产是成立信托的第一要素,没有特定的信托财产,信托就无法成立。所以,委托人设立慈善信托,必须将其财产委托给受托人。我国允许设立慈善信托的财产范围较宽,包括资金、动产、不动产、有价证券和其他财产或财产权。我国《信托法》第14条规定,法律、行政法规禁止流通的财产,不得作为信托财产;法律、行政法规限制流通的财产,依法经有关主管部门批准后,可以作为信托财产。原则上,除身份权、名誉权、姓名权以外,其他任何权利或者可以用金钱计算价值的财产权,如物权、债权以及专利权、商标权、著作权等知识产权,都可以作为信托财产设立慈善信托。

3. 受托人以自己的名义管理、处分慈善信托财产。委托人将财产委托给受托人后,对该财产失去直接控制权,受托人完全以自己的名义对慈善信托财产进行管理或者处分,不需要借助于委托人、受益人的名义,这也是信托制度的一个重要特征。同时,受托人以自己的名义管理、处分慈善信托财产有两个基本前提:一是必须按照委托人的意愿进行管理或者处分,不得违背委托人的慈善目的;二是管理或者处分信托财产的目的,必须是为了实现慈善目的,受托人不能为了自己或者第三人的利益,从信托财产中谋取私利。

4. 慈善信托的受益人是不特定的。受益人不特定是慈善信托区别于私益信托的一个重要特征。慈善信托文件仅对受益人的资格条件和范围进行规定,受托人根据相关的条件和范围筛选确定最终的受益人。受益人的不特定是为了确保慈善目的的公益性以及纯粹性,防止利用慈善信托进行利益输送。对此,我国《慈善法》第 46 条规定,慈善信托的委托人不得指定或者变相指定其利害关系人作为受益人。慈善信托的受托人确定受益人,应当坚持公开、公平、公正的原则,不得指定或者变相指定受托人及其工作人员的利害关系人作为受益人。

5. 慈善信托的财产及其收益必须全部用于慈善目的。“慈善信托有效成立的一项要求是,信托的每项目的都必须具有慈善性质。”〔1〕我国的《慈善法》,虽然并没有对慈善信托目的纯公益性做出要求,但是由于慈善信托属于公益信托,那么《信托法》第 63 条关于“公益信托的信托财产及其收益,不得用于非公益目的”的规定也适用于慈善信托,慈善信托的慈善目的必须是纯公益的。对此,《慈善信托管理办法》〔2〕第 23 条规定,慈善信托财产及其收益,应当全部用于慈善目的。

对慈善信托的定义,实践中存在曲解和误读,需要进一步宣传普及。例如,一些人把慈善信托等同于慈善捐赠,看作保值增值的工具,甚至视为金融产品等。我国《信托法》把信托分为民事信托、营业信托和公益信托,慈善信托既不是民事信托,也不是营业信托,不能在规则适用等方面将慈善信托与民事信托、营业信托混为一谈。本书作者认为,慈善信托的核心要义是慈善信托财产及其收益要全部用于公益事业。这意味着,人们将自己合法所有的财产拿出来设立慈善信托,通常就不能再将该财产拿回去,必须全部用于公益慈善活动。因此,通俗地说,慈善信托就是人们做好事的一种方式。慈善信托这个词的重心,不是信托,信托只是修饰语,它修饰的主语是慈善。也就是说,慈善信托不是慈善的信托,而是信托的慈善。如果把慈善捐赠理解为捐赠型的慈善,那么慈善信托就是“信托型慈善”,属于采用信托方式开展的慈善活动。对此,本书建议可以把慈善方式按组织形式的不同,分为信托型慈善、捐赠型慈善和服

〔1〕 何宝玉:《信托法原理与判例》,中国法制出版社 2013 年版,第 331 页。

〔2〕 《慈善信托管理办法》(银监发〔2017〕37 号)于 2017 年 7 月 26 日由原中国银行业监督管理委员会、民政部联合发布,并自印发之日起施行。2023 年 12 月通过的关于修改《慈善法》的决定,由于未涉及对慈善信托的基本原理和条款的改动,本书作者认为该管理办法的内容与修订后的《慈善法》基本不相悖,故本书仍然大量引用《慈善信托管理办法》的相关规定。

务型慈善。

此外,本书作者建议,将慈善信托明确为非营利法人(如慈善组织),或者视为非法人组织,使其能够依法以自己的名义从事慈善活动,如作为上市公司股东等。这是一个大胆的制度创新,其实实务中已有将信托视作民事主体的情形,如当前不少上市公司股东中出现了信托型基金的产品名称等。美国《1940 年投资顾问法》第 202 条中指出,该法中的“公司”包括公司、合伙企业、联合会、股份公司、信托,或由任何人组织而成的团体,无论其是否设立为法人。[1] 事实上,对于传统意义上的商业信托,即属于依信托文件设立,由受托人为受益人之利益经营管理的非公司型营利性组织。“《美国法学 · 商业信托》将商业信托定义为:商业信托,系一种依据信托文件设立,由受托人为了持有或将来持有证明信托财产受益权的可转让凭证之人的利益与营利,而持有并经营财产的非公司型商业组织。”[2]“新加坡参考美国法制,制定 2004 年《商业信托法》,确认商业信托为公司、合伙之外的一种企业组织形式。”对于慈善信托的主体性质,英国将慈善信托视作慈善组织的一种类型。“英国慈善组织通常采用法人结构和非法人结构两种组织形式。非法人结构包括慈善信托和非法人团体。”[3]

二、不能把慈善信托等同于公益信托

(一)慈善信托与公益信托的区别

在我国,慈善信托与公益信托不是等同的概念,主要表现在:

1. 从信托目的上看,慈善信托的目的并不比公益信托窄,甚至更广。

---

〔1〕 中国证券监督管理委员会组织编译:《美国〈1940 年投资顾问法〉及相关证券交易委员会规则与规章》,法律出版社 2015 年版,第 5 页。

〔2〕 李宇:《商业信托法》,法律出版社 2021 年版,第 91 页。

〔3〕 中国信托业协会编著:《慈善信托研究》,中国金融出版社 2016 年版,第 11 页。

这一点可以通过比较《信托法》第 60 条和《慈善法》第 3 条得出答案。我国《信托法》第 60 条规定，为了下列公共利益目的之一而设立的信托，属于公益信托：(1) 救济贫困；(2) 救助灾民；(3) 扶助残疾人；(4) 发展教育、科技、文化、艺术、体育事业；(5) 发展医疗卫生事业；(6) 发展环境保护事业，维护生态环境；(7) 发展其他社会公益事业。而慈善信托的目的，一般认为适用《慈善法》第 3 条的规定，即该法所称慈善活动，是指自然人、法人和非法人组织以捐赠财产或者提供服务等方式，自愿开展的下列公益活动：(1) 扶贫、济困；(2) 扶老、救孤、恤病、助残、优抚；(3) 救助自然灾害、事故灾难和公共卫生事件等突发事件造成的损害；(4) 促进教育、科学、文化、卫生、体育等事业的发展；(5) 防治污染和其他公害，保护和改善生态环境；(6) 符合该法规定的其他公益活动。两相比较，不难看出两者差别不大。可以这么理解，所有的公益信托目的，都包含在慈善信托目的之中。本书认为，公益信托与慈善信托的目的虽然表述上有出入，但实质上应该是基本一致的。

2. 从设立程序看，公益信托的设立须经公益事业管理机构批准，而慈善信托实行备案制。《慈善法》第 45 条第 1 款规定，受托人应当在慈善信托文件签订之日起 7 日内，将相关文件向受托人所在地县级以上人民政府民政部门备案。"备案要求是慈善法确定的新规则，此前信托法要求公益信托的设立和确定其受托人，应当经有关公益事业的管理机构批准。慈善法做这样的制度设计，主要是考虑到充分发挥慈善信托设立简便、机制灵活的特点，不再设置更为复杂严格的设立程序，鼓励更多社会力量利用慈善信托这种形式参与慈善事业。"[1] 从域外来看，"英美两国慈善信托均实行了准则主义，只要满足慈善信托设立的相关法规条件，即可登记成立慈善信托；日本和我国台湾地区都实行了管理机关许可的事前审批制。相较之下，英美模式中，委托人的慈善愿望得到充分

〔1〕 李适时、李立国主编：《中华人民共和国慈善法释义》，中国民主法制出版社 2016 年版，第 133 ~ 134 页。

尊重,有助于调动社会积极性”[1]。

3. 主管部门不同。公益信托的主管部门是有关公益事业的管理机构,包括但不限于民政部门。而慈善信托的备案机关仅限于民政部门。因此理论上存在非由民政部门批准的公益信托,也就是说,公益信托的外延要大于慈善信托,慈善信托只是公益信托的一种类型。

4. 受托人不同。公益信托受托人可以是具有完全民事行为能力的自然人、法人,其确定须经公益事业管理机构批准,而慈善信托的受托人仅包括慈善组织和信托公司,其确定无须经相关部门批准。《慈善法》第47条规定,慈善信托的受托人,可以由委托人确定其信赖的慈善组织或者信托公司担任。

5. 从信托监察人的设置看,公益信托是应当设置,而慈善信托是委托人可以根据需要设置。也就是说,慈善信托可以设置监察人,也可以不设置监察人。

公益信托与慈善信托的比较,见表2-1。

表2-1　公益信托与慈善信托的比较

	公益信托	慈善信托
设立	书面形式+审批	书面形式+备案
信托目的	《信托法》第60条规定	基本一致(《慈善法》第3条规定)
信托财产	受托人因承诺信托而取得的财产	相同
委托人	包括具有完全民事行为能力的自然人、法人或者依法成立的其他组织	相同
受托人	包括具有完全民事行为能力的自然人和法人	仅限于慈善组织和信托公司

---

[1] 中国信托业协会编著:《慈善信托研究》,中国金融出版社2016年版,第4页。

续表

	公益信托	慈善信托
受托人的变更	须经公益事业管理机构批准	委托人可以变更
受益人	包括自然人、法人或者依法成立的其他组织	相同
信托监察人	应当设置	可选项，由委托人根据需要确定
监督管理	有关公益事业的管理机构	主要是民政部门（当慈善信托的受托人为信托公司时，也接受金融监督管理部门的监管）
信息披露	每年至少一次作出信托事务处理情况及财产状况报告，报公益事业管理机构核准后由受托人予以公告	每年至少一次作出信托事务处理情况及财产状况报告，向备案的民政部门报告，并向社会公开
信托终止	适用近似原则	相同
税收优惠	没有明确规定	原则规定享受税收优惠，但仍不明确

（二）慈善信托相较于公益信托的特别规定

相较于公益信托，我国《慈善法》在对慈善信托的规范上，具有以下5个方面的特别之处。

1. 慈善信托的设立由事前审批改为事后备案

我国《信托法》第62条规定，公益信托的设立和确定其受托人，应当经相关的公益事业管理机构批准。由于相关的公益事业管理机构包括民政、教育、文化、医疗卫生事业等政府管理部门，受制于审批监管责任主体不明确，受托人在开展公益信托的业务实践中往往面临着审批机构及机构层级不明、获取审批难度大的问题，这成为阻碍公益信托发展的主要因素。在《慈善法》出台之前，全国仅落地10余单符合法律要件要求的公益信托，受托人全部为信托公司。

对此，我国《慈善法》第45条规定，设立慈善信托，受托人应当在慈善信托文件签订之日起7日内，将相关文件向受托人所在地县级以上人民政府民政部门备案。明确慈善信托的监管机构和实施备案制,大幅释放了社会各界发展慈善信托的内在动力。

2. 慈善信托的受托人为慈善组织或信托公司

《信托法》并未对公益信托的受托人作出明确规范。这就意味着从理论上讲,公益信托的受托人范围是比较宽泛的,既可以是法人,也可以是自然人。但是《信托法》同时规定,公益信托的设立和确定其受托人、受托人辞任及变更都须经过公益事业管理机构批准。此外,受托人的信托事务管理及财务状况报告、信托终止时的清算财务报告在公告前都必须经公益事业管理机构核准,而且受托人还必须接受公益事业管理机构对其处理公益信托事务情况及财产状况的检查。由此可见,虽然《信托法》中未对受托人的资格进行规范,但其明确了受托人要受到公益事业管理机构的严格监管,这在事实上将大量不具备担任受托人的自然人和法人排除在受托人之外,而在迄今为数不多的公益信托案例中,受托人也全部由信托公司担任。

对此,《慈善法》第 47 条规定,慈善信托的受托人,可以由委托人确定其信赖的慈善组织或者信托公司担任。其中,慈善组织具有开展慈善活动的丰富经验,信托公司则是专营信托业务的法人机构。将慈善信托的受托人限定为慈善组织或信托公司,并由这两类专业能力较强的受托人来担任慈善信托的受托人,将为备案制的实施以及慈善信托的规范发展提供基础保障。

3. 信托监察人的设置由强制项变为可选项

我国《信托法》第 64 条规定,公益信托应当设置信托监察人。同时,《信托法》第 65 条规定,信托监察人有权以自己的名义,为维护受益人的利益,提起诉讼或者实施其他法律行为。此外,信托事务处理情况及财产状况报告、公益信托终止的信托事务清算报告也须经信托监察人认可后,报公益事业管理机构核准。

对此,《慈善法》中并未对慈善信托设置信托监察人作出强制性要求。我国《慈善法》第 50 条第 1 款规定,慈善信托的委托人根据需要,可以确定信托监察人。这意味着，慈善信托是否设置信托监管人，取决于委托人的意愿。针对信托监察人的职责，《慈善法》第 50 条第 2 款进一步规定，信托监察人对受托人的行为进行监督，依法维护委托人和受益人的权益。信托监察人发现受托人违反信托义务或者难以履行职责的，应当向委托人报告，并有权以自己的名义向人民法院提起诉讼。相较于公益信托，在慈善信托中，信托事务处理情况及财产状况报告、公益信托终止的信托事务清算报告不再要求必须向信托监察人报告并获取其认可。

值得一提的是，《慈善法》在修订过程中，曾一度考虑慈善信托应当设置信托监察人。本书作者基本认可这种意见，但应同时明确特定的豁免情形，如小额短期的慈善信托、不享税收优惠的慈善信托等，可以不作出设置信托监察人的强制要求。

4. 备案的慈善信托未来或能享有税收优惠

《信托法》中没有对公益信托的税收优惠作出规定，《信托法》实施后也没有关于公益信托税收优惠的配套政策出台，这是导致已落地的公益信托规模普遍偏小、社会各界对于公益信托发展积极性不高的主要原因之一。

我国《慈善法》则对慈善信托的税收优惠作出了原则性规定。《慈善法》第 45 条规定，设立慈善信托，受托人应当在慈善信托文件签订之日起 7 日内，将相关文件向受托人所在地县级以上人民政府民政部门备案。未按照前款规定将相关文件报民政部门备案的，不享受税收优惠。从这一规定反向推论，备案的慈善信托可以享受税收优惠。同时，《慈善法》第 88 条进一步规定，自然人、法人和非法人组织设立慈善信托开展慈善活动的，依法享受税收优惠。这为我国未来出台慈善信托的税收优惠政策，提供了重要的法律依据。

5. 简化了信息披露程序

我国《信托法》要求受托人应当至少每年一次对信托事务处理情况及财产状况进行报告，受托人在报告公告前要获得信托监察人认可，并报公益事业管理机构核准。

对此，我国《慈善法》第 49 条第 2 款规定，慈善信托的受托人应当根据信托文件和委托人的要求，及时向委托人报告信托事务处理情况、信托财产管理使用情况。慈善信托的受托人应当每年至少一次将信托事务处理情况及财务状况向办理其备案的民政部门报告，并向社会公开。可见，慈善信托受托人在向社会公告信托事务处理情况以及财产管理情况前，不再需要监管机关核准，信息披露程序得到有效简化。

三、慈善信托与相关概念的比较

（一）慈善信托与公益法人的比较

通常认为，慈善信托与公益法人是有明显区别的不同公益途径，主要表现在：

1. 设立门槛不同。公益法人成立的门槛较高。我国《慈善法》第 9 条规定，设立慈善组织应当有必要的财产。例如，根据《基金会管理条例》（国务院令第 400 号）第 8 条规定，设立全国性公募基金会的原始基金不低于 800 万元人民币，地方性公募基金会的原始基金不低于 400 万元人民币，非公募基金会的原始基金不低于 200 万元人民币；原始基金必须为到账货币资金。而慈善信托则不存在这种对出资财产数额和财产形态的要求，实务中只要委托人有意愿、受托人愿意接受，数千元的金额即可设立一个慈善信托。此外，公益法人应当具备使这一组织得以维持运转的办公场所和人力成本等，而慈善信托不需设置专门机构、人员和经营场所。

2. 设立方式不同。公益法人具有独立的法人格，为非营利法人，通常需要经依法登记方能成立。我国《慈善法》第 10 条第 1 款规定，设立慈善组织，应当向县级以上人民政府民政部门申请登记，民政部门应当自受理申请之日起 30 日内作出决定。符合本法规定条件的，准予登记并向社会公告;不符合本法规定条件的,不予登记并书面说明理由。而设立慈善信托不需要依法办理登记,实施备案即可,即在慈善信托设立后,受托人应当在慈善信托文件签订之日起 7 日内,将相关文件向受托人所在地县级以上人民政府民政部门备案。

3. 投资方式不同。公益法人对慈善财产的对外投资,一般有较多的限制,这也是其专业资产管理能力不足所导致的。而根据《慈善信托管理办法》第 30 条的规定,慈善信托财产可以运用于银行存款、政府债券、中央银行票据、金融债券和货币市场基金等低风险资产,但委托人和信托公司另有约定的除外。也就是说,当慈善信托的受托人为信托公司时,由于信托公司属于非银行金融机构,具有金融牌照和多项资产管理资质,信托公司可以和委托人约定更为灵活的投资范围和投资方式。

4. 年度慈善支出和管理费用标准不同。公益法人所募集善款的年度支出有一定的标准和要求。例如,《慈善法》第 61 条第 1 款规定,具有公开募捐资格的基金会开展慈善活动的年度支出,不得低于上一年总收入的 70% 或者前三年收入平均数额的 70%;年度管理费用不得超过当年总支出的 10%;特殊情况下,年度支出和管理费用难以符合前述规定的,应当报告办理其登记的民政部门并向社会公开说明情况。而《慈善法》中,没有针对慈善信托作出上述规定要求,仅在该条第 4 款中明确,慈善信托的年度支出和管理费用标准,由国务院民政部门会同财政、税务和金融监督管理等部门制定。从国际通行做法看,慈善信托可以不动用本金,而仅用收益部分去开展慈善活动。

5. 监督管理不同。公益法人主要接受民政部门的监管,而慈善信托除接受民政部门的监管外,有时还需要接受金融监督管理部门的监管。《慈善信托管理办法》第 47 条规定,银行业监督管理机构负责信托公司慈善信托业务和商业银行慈善信托账户资金保管业务的监督管理工作。县级以上人民政府民政部门负责慈善信托备案和相关监督管理工作。

慈善信托与公益法人的比较,见表 2-2。

表 2-2 慈善信托与公益法人的比较

	慈善信托	公益法人
法人资格	不具有	具有
设立门槛	无最低规模限制,受托人接受即可	须具有一定规模以上
设立方式	仅需民政部门备案	须依法办理登记
办公场所	慈善信托财产由受托人管理,慈善信托本身无须专门机构、人员及经营场所	需有专门机构、人员和经营场所
投资方式	受托人可依慈善信托文件对信托财产实施管理处分	一般情况下,因自身不属于金融机构,投资运用方式受限
年度公益支出	原则上可不动用本金	通常情况下,开展慈善活动的年度支出须符合一定比例
监督管理	接受民政部门的监督管理,当受托人为金融机构时,同时接受金融监督管理部门的监管	接受民政部门的监管

本书认为,慈善信托与公益法人可以形成差异化、互补性的发展。慈善信托的本金和收益要全部用于公益事业,这是慈善信托的核心要义所在。这里要强调的是全部,而不是部分。假如慈善信托终止后有剩余财产,原则上应当将剩余的慈善信托财产用于与原慈善目的相近似的目的,或者将其转移给具有近似目的的慈善组织或者其他慈善信托。可以说,慈善信托也是公益法人用来帮助人们达成公益目的的一种途径和手段。目前,慈善信托作为一种新型的公益途径和方式,民间参与意愿强烈,特别是在家族信托中,很多人都有慈善传承的需求。

(二)慈善信托与私益信托的比较

慈善信托属于公益信托,其与私益信托的区别主要体现在:

1. 存续期限不同。私益信托通常有一定的存续期限,基于公共政策方面的考虑,其存续期限不得超过规定的年限。我国《信托法》虽然没有对私益信托作年限限制，但一般期限不会太长，如营业信托的期限通常在两年左右。而慈善信托则可以无限期存续，即使信托目的已经实现，也可以适用近似原则，将剩余的信托财产用于近似的公益目的。

2. 对确定性的要求不同。私益信托的信托目的和受益人必须具体、明确，通常在信托文件中明确予以约定。而慈善信托的信托目的可以非常具体，也可以作概括说明，同时，其受益人通常是不确定的，信托文件中仅仅约定受益人的范围。

3. 对受托人的要求不同。私益信托中，具有完全民事行为能力的自然人或者法人，通常都可以成为受托人。而慈善信托涉及社会公共利益，对受托人的资格要求更加严格。"例如，英国《1993 年慈善法》规定，有下列情形之一的人没有资格担任慈善受托人：(1) 曾有涉及不诚实或欺诈的违法行为；(2) 被宣告破产尚未解除责任；(3) 与债权人达成和解协议或其他协议尚未履行完毕或尚未解除责任；(4) 年龄超过 70 岁或不足 18 岁，因而没有资格担任公司董事，或者曾被解除董事职务的人；(5) 担任慈善受托人期间曾因管理不当、行为不当被撤销受托人职务等。"[1] 对此，我国《慈善法》第 47 条规定，慈善信托的受托人，可以由委托人确定其信赖的慈善组织或者信托公司担任。

4. 监督管理不同。私益信托中，民事信托属于信托当事人之间的民事法律关系，出现纠纷由法院解决；营业信托需要接受金融监督管理部门的监督管理。而慈善信托则主要由民政部门实施监督管理。同时，慈善信托的委托人可能已经死亡或者依法解散、被依法撤销、被宣告破产，受益人则是不特定的社会公众，因此，慈善信托可以设置信托监察人代表受益人的利益监督受托人，并在必要时提起诉讼或者采取其他法律行动。

5. 政策优惠不同。私益信托一般不享有税收优惠，但域外经常通过私益信托作合理的税务筹划和安排。慈善信托则通常享有政策优惠，以

[1] 何宝玉：《信托法原理研究》(第 2 版)，中国法制出版社 2015 年版，第 473 页。

促进社会公益事业的高质量发展。例如,我国《慈善法》第 88 条规定,自然人、法人和非法人组织设立慈善信托开展慈善活动的,依法享受税收优惠。

(三)慈善信托与慈善捐赠的比较优势

1. 慈善信托与慈善捐赠的比较

慈善信托是与慈善捐赠并行的慈善途径和方式,两者可以满足不同的公益需求,同样具有完全公益性。人们在参与社会公益事业时,既可以选择慈善捐赠,也可以选择慈善信托。无论是采用慈善捐赠还是慈善信托,基本上都能达成类似的公益目的。但慈善信托与慈善捐赠在法律依据、法律关系、慈善财产性质、框架结构等方面具有明显的区别,不能将两者等同。两者的主要区别具体体现在:

(1)法律关系不同。慈善捐赠是一种以慈善为目的的赠与活动,我国《慈善法》第 34 条规定,本法所称慈善捐赠,是指自然人、法人和其他组织基于慈善目的,自愿、无偿赠与财产的活动。根据我国《民法典》第三编第十一章的规定,赠与是指赠与人将自己的财产无偿给予受赠人,受赠人表示接受的一种行为。而慈善信托遵循的是信托法律关系,信托与赠与是两种完全不同的法律制度。

(2)设立方式不同。慈善捐赠作为赠与行为的一种,并未强制要求必须采用书面形式。我国《慈善法》第 39 条规定,慈善组织接受捐赠,捐赠人要求签订书面捐赠协议的,慈善组织应当与捐赠人签订书面捐赠协议。书面捐赠协议包括捐赠人和慈善组织名称,捐赠财产的种类、数量、质量、用途、交付时间等内容。而慈善信托的设立必须采用书面形式,我国《慈善法》第 45 条第 1 款规定,设立慈善信托、确定受托人和监察人,应当采取书面形式。

(3)财产性质不同。在慈善捐赠中,赠与人将财产赠与受赠人后,财产所有权将完全转移给受赠人,成为受赠人的固有财产。而根据我国《信托法》的相关规定,慈善信托财产具有法律上的独立性,有别于委托人、受托人、受益人的固有财产，具有资产隔离的法律效果，受托人应当分别记账、分别管理。对此，本书将在第五章“慈善信托财产”中展开介绍和论述。

(4)当事人不同。慈善信托存在委托人、受托人、受益人、监察人(如有)等多方当事人，其目的在于通过受托人对慈善信托财产的管理处分，实现受益人利益的最大化。而慈善捐赠没有受托管理这一中间环节，在当事人上仅存在两方，即赠与人和受赠人。

(5)原财产所有人的权限不同。慈善捐赠中，赠与人在赠与生效后，通常就丧失了捐赠物上的所有权利。而慈善信托设立后，委托人对受托人管理处分慈善信托财产的情况享有了解和监督等权利。

2. 慈善信托相较于慈善捐赠的比较优势

从当今世界看，慈善捐赠方式最盛行，也是人们参与社会公益的主要方式。但不能据此得出慈善信托无用的结论，慈善信托与慈善捐赠相比较，具有以下特点和优势：

(1)量身定制。慈善信托由委托人根据自己的意愿设立，并可以由委托人冠名。受托人的职责是针对委托人的特定公益需求，帮助他们选择最合适的慈善方式，设计最佳的慈善信托方案，并实现委托人的慈善信托目的。慈善信托设立后，可以作为委托人的专属公益品牌，持续提升个人和企业的社会形象。

(2)设立简便。慈善信托无须申请法人注册登记，委托人只要有确定的财产、明确的公益目的，就可以找受托人商议设立慈善信托，并由受托人在慈善信托文件签订之日起 7 日内到民政部门备案。同时，在初始备案财产规模上，慈善信托没有最低额度限制。此外，慈善信托还可以采用书面遗嘱的方式设立。

(3)财产独立。一方面，慈善信托设立后，慈善信托财产具有独立性，不属于委托人、受托人、受益人的固有财产，不同慈善信托财产之间也相互独立，对每一个慈善信托都必须分别记账、分别管理，不能混同。同时，慈善信托财产具有社会公益属性，必须全部用于公益慈善目的。

（4）管理灵活。慈善信托财产处于受托人的实际控制之下，可以对外投资管理，也可以不对外投资。需要对慈善信托财产进行对外投资管理时，可以由受托人实施，也可以委托第三人实施，在家族股权慈善信托中，甚至可以由原委托人或其控制的企业对家族股权实施管理。

（5）专家理财。本书作者认为，投资管理不是慈善信托的必选项。但是，慈善信托文件可以约定受托人对慈善信托财产实施主动管理。当受托人由信托公司担任时，其具有金融牌照和相关资质，可以根据慈善信托文件约定的投资范围对慈善信托财产进行管理处分，更有利于实现慈善信托财产的安全和保值增值，更有利于实现委托人的慈善意愿。

（6）运营成本低。慈善信托不属于法人，自身没有常设机构，没有也不需要专门的办公场所和独立的工作团队。其管理由专业受托人负责，通常每年仅向受托人支付慈善信托财产总额1%左右甚至更低的受托管理费。《中国银监会办公厅关于鼓励信托公司开展公益信托业务支持灾后重建工作的通知》（银监办发〔2008〕93号）第3条第2款规定，“前款第八项受托人管理费和信托监察人报酬，每年度合计不得高于公益信托财产总额的千分之八”。

（7）具有持久性。慈善信托的期限，既可以有一定年限，也可以无限期存续。当受托人不具有管理慈善信托财产的能力时，可以依法予以更换；当受托人依法解散、被依法撤销、被宣告破产时，慈善信托财产不属于其清算财产，应当移交新受托人继续管理，不影响慈善信托的存续。

（8）多方监管。慈善信托通过委托人、受托人、受益人、信托监察人（如有）、民政部门、信托公司监管部门的共同参与，实现了多方位、多视角的监管。同时，慈善信托的受托人应当根据信托文件和委托人的要求，及时向委托人报告信托事务处理情况、信托财产管理使用情况；每年至少一次将信托事务处理情况及财务状况向其备案的民政部门报告，并向社会公开。

（9）慈善支出灵活。当前，慈善信托没有年度支出的硬性要求，慈善信托财产的支出可以在慈善信托文件中灵活约定，既可以运用本金，也可以不运用本金、只用收益做慈善。这一制度安排，使永续型慈善信托成为可能。本金不动用，也使股权慈善信托成为助力共同富裕的重要抓手，能够实现在做大、做优“蛋糕”的基础上分好“蛋糕”。

（10）慈善手段灵活。例如，慈善信托可以通过经营企业形式实现公益，即将慈善信托财产的形态转变为企业法人财产，通过对企业的运营管理，增加就业、盈利反哺、改善环境、实现可持续发展。又如，慈善信托可以通过贷款担保、保险保障、教育培训等方式让受益对象受益。本书推崇，将商业理念运用到公益事业上，用经营企业的理念经营慈善信托。

（11）公益创新灵活。例如，在慈善信托财产来源上，慈善信托既可以和金融理财产品相结合，让投资人在投资理财时让利一小部分收益用来设立慈善信托。又如，慈善信托可以和家族信托相结合，成立公私并行信托、公益余额信托、慈善先行信托等，详见本书第十一章的介绍。

正因为慈善信托具有上述比较优势，使得慈善信托渐为世人所接受并大量采用，越来越多的公益事业采用了慈善信托方式。本书认为，慈善信托作为一种新型的公益途径和方式，应当与慈善捐赠一起，互为补充，相互促进。

第三章　慈善信托目的与种类

任何一个慈善信托,都必须有相应的慈善目的。根据不同的目的,慈善信托可以表现为不同的类型。此外,根据其他分类方式,慈善信托还有不同的种类。

一、信托目的与慈善目的

我国《信托法》第 6 条规定,设立信托,必须有合法的信托目的。信托目的是委托人将财产委托给受托人时确定的,意欲通过受托人对该财产的管理处分达成所希望的目的。委托人设立信托,其信托目的应当合法,归纳起来主要包括:一是不得违反有关法律、行政法规的规定或者损害社会公共利益。我国《信托法》第 5 条规定,信托当事人进行信托活动,必须遵守法律、行政法规,遵循自愿、公平和诚实信用原则,不得损害国家利益和社会公共利益。二是禁止专以诉讼或者讨债为目的。我国《信托法》第 11 条第 4 项规定,专以诉讼或者讨债为目的设立的信托无效。三是不得损害委托人的债权人的合法权益。我国《信托法》第12条第1款规定,委托人设立信托损害其债权人利益的,债权人有权申请人民法院撤销该信托。

本书认为,慈善目的是委托人发起设立慈善信托的根本出发点,它属于信托目的的一种类型,并具有以下主要特征。

1. 合法性。慈善信托的信托目的必须符合我国《慈善法》等法律法规的规定。根据我国《慈善法》第3条的规定,慈善活动的目的包括:(1)扶贫、济困;(2)扶老、救孤、恤病、助残、优抚;(3)救助自然灾害、事故灾难和公共卫生事件等突发事件造成的损害;(4)促进教育、科学、文化、卫生、体育等事业的发展;(5)防治污染和其他公害,保护和改善生态环境;(6)符合《慈善法》规定的其他公益活动。同时,我国《慈善法》第4条规定,慈善工作坚持中国共产党的领导。开展慈善活动,应当遵循合法、自愿、诚信、非营利的原则,不得违背社会公德,不得危害国家安全、损害社会公共利益和他人合法权益。

2. 公益性。具有公益性的慈善目的是慈善信托的最基本要求。慈善信托不能包含私益目的,不可以将慈善信托财产及其收益用于非慈善目的,其慈善目的应该是为不特定的社会公众的利益。"一项信托要获得慈善地位必须满足三个条件,即信托的目的必须是慈善性的,信托必须具有公共利益,信托目的必须完全彻底地具有慈善性。"[1]为确定慈善目的,慈善信托的受托人需要充分和委托人沟通。一种情况是委托人具有明确的慈善目的,需要受托人辨识该慈善目的是否符合法律规定,是否存在受益人特定等问题。另一种情况是委托人仅有行善的想法,没有具体的慈善目的。此时受托人需要深入了解委托人的真实想法,并综合考虑慈善信托财产规模等因素,帮助委托人聚焦恰当的慈善目的,制定可行的慈善信托方案,保障慈善目的可实现。

3. 明确性。信托目的要清晰明确,"各国信托法均以信托目的为信

---

〔1〕 何宝玉:《信托法原理与判例》,中国法制出版社2013年版,第311页。

托设立的必备要件之一,没有明确的信托目的,信托就不会成立"[1]。慈善信托的信托目的,可以包含我国《慈善法》第3条所列慈善目的中的一个或几个方向,有利于慈善信托设立后的正常运营和慈善目的的顺利实现。虽然域外也允许慈善目的作一般性表述,赋予受托人更大的慈善活动开展自主权,但总体来说不宜过于宽泛,慈善目的宜尽量明确,慈善支出方向以清晰、具体为妥。特别是对一些规模较小的慈善信托,如果慈善目的过于宽泛,会让人有小马拉大车的感觉,遭人诟病。

二、慈善信托按慈善目的进行的分类[2]

本书根据不同的慈善目的,将慈善信托分为以下7大类,其中前6类与我国《慈善法》第3条规定的6种慈善目的一致,第7类是慈善目的综合类。

(一)扶贫、济困类慈善信托

扶贫、济困是各国公认的一项重要公益目的,是慈善的应有之义,是传统慈善和现代慈善都包括的内容。其意"即扶持贫穷的人、接济困难的人,扶助贫困户或贫困地区发展生产,改变穷困面貌,用金钱或物资帮助生活困难的人"[3]。任何社会都希望消灭贫困,该慈善目的是希望将更多的慈善资源引导、汇聚到扶贫济困这一重点慈善领域。因此,《慈善法》第3条列举的慈善目的中,第一个就是扶贫济困。

在《慈善法》起草过程中,针对扶贫济困这一慈善目的,"按照原来草案的规定,与本条第二项扶老、救孤、恤病等并列规定在一项中。为了突

---

〔1〕 中国信托业协会编著:《信托基础》(第2版),中国金融出版社2020年版,第120页。

〔2〕 参见蔡概还:《资产管理与财富传承》,中国金融出版社2023年版,第385~398页。

〔3〕 李适时、李立国主编:《中华人民共和国慈善法释义》,中国民主法制出版社2016年版,第28页。

出扶贫济困,将其单列为一项,并在促进措施中规定,国家对开展扶贫济困的慈善活动,实行特殊的优惠政策"[1]。可以说,"扶贫济困是慈善事业的重要领域,在政府保障困难群众基本生活的同时,鼓励和支持社会力量以扶贫济困为重点开展慈善活动,有利于更好地满足困难群众多样化、多层次的需要,帮助他们摆脱困境、改善生活,形成慈善事业与社会救助的有效衔接和功能互补"[2]。

我国着力发展扶贫济困类慈善信托,使其成为慈善信托的主要类型之一。具体信托目的包括推动特色产业体系建设,助力新型经营主体和农村企业发展,拓宽农产品销售渠道,推动贫困家庭劳动力就业培训,改善农村交通、水利、电力网络和居住环境的基础设施建设等。通过助力精准扶贫、助力乡村振兴等方式,改善落后地区的生产力,提高人民群众的生活水平。

实践中,我国的扶贫济困类慈善信托形成了以下创新模式:

1. 杠杆撬动模式。这一模式的优势是充分发挥慈善信托的资金带动作用,为贫困地区群众发展生产脱贫致富引入更多资金支持。具体做法是,慈善信托通过与商业银行、担保公司等机构合作,发挥慈善信托资金的杠杆撬动作用,为金融机构发放扶贫贷款提供贴息免息或者风险补偿,从而引入更多资金参与产业扶贫。例如,"中国信托业·长安慈·四川慈善总会·定点扶贫慈善信托"通过农户小额贷款风险损失补偿金的形式,与农村信用合作联社、村镇银行合作,向那些有意愿并有能力希望通过自己的劳动致富但缺乏原始生产资料的农户发放贷款,贷款产生的坏账由该慈善信托与合作机构各承担50%,从而降低授信门槛,扩大授信客户范围,为贫困农户提供生产经营所需资金。

2. 企业带动模式。这一模式在产业扶贫中具有明显优势,可以充分发挥贫困地区龙头企业或致富能人的带动作用,是产业扶贫的重要方

---

〔1〕 李适时、李立国主编:《中华人民共和国慈善法释义》,中国民主法制出版社2016年版,第28页。

〔2〕 阚珂主编:《中华人民共和国慈善法解读》,中国法制出版社2016年版,第11页。

式。该模式的具体做法是，慈善信托通过融资、投资等多种方式支持贫困地区龙头企业发展，以此带动当地贫困群众就业并增加收入。例如，“国投泰康信托·2018甘肃临洮产业扶贫慈善信托”与当地百合特色产业中的龙头企业合作，以市场化的方式为企业提供融资支持。一方面，支持企业扩大百合加工和收购规模，带动更多贫困群众通过种植百合实现增收；同时也向贫困群众提供更多就业岗位，增加群众的就业收入。另一方面，融资方向慈善信托支付利息，这部分资金也全部用于精准扶贫，精准资助因病、因学返贫以及丧失劳动能力的特殊困难家庭等。

3. 收益分红模式。这一模式在实现可持续扶贫方面具有显著效果。该模式的具体做法是，慈善信托出资入股专业合作社，与贫困群众一起成为专业合作社的股东，并通过经营发展合作社持续为贫困群众提供稳定分红。例如，“五矿信托—三江源精准扶贫1号慈善信托”依托贫困地区中草药种植和加工专业合作社，合作和购置种苗及农资农药等，推动贫困户开展中药材种植和脱贫致富。

4. 保险保障模式。贫困地区产业基础脆弱、贫困人群抵御风险能力薄弱，是扶贫工作中面临的突出问题。该模式的具体做法是，慈善信托与保险公司合作，为贫困地区困难群众生产、生活提供保险支持，发挥保险机制的普惠性、精准性和补偿性，帮助贫困群众防范化解风险，防止群众因灾因病致贫返贫。例如，通过慈善信托为贫困户提供农产品种植、养殖类财产保险支持，包括牛羊等牲畜的死亡损失保险、水产养殖保险等，防范自然灾害对贫困群众农业生产的影响。又如，慈善信托与保险公司共同开发农产品价格指数保险，对贫困群众因所种养农产品市场价格大幅波动、农产品价格低于目标价格造成的损失给予经济赔偿，减少农户因农产品价格波动带来的经济损失等。

5. 教育扶智模式。要从根源上拔除穷根，须从改变人们的思想观念做起。该模式的具体做法是，慈善信托通过为贫困地区提供教育培训，提升贫困地区人员的眼界与技能，培育脱贫致富的带头人。例如，2019年备案成立的“上善”系列上信海亮中西部地区教育助学慈善信托，其信托资金定向运用于中西部地区教师来沪培训项目，旨在支持中西部地区基础教育发展，搭建多地教师交流互动的桥梁和平台，助力中西部地区基础教育质量的提升。又如，“外贸信托—2022 年度乡村振兴 1 号星火慈善信托”以助力乡村振兴、资助特岗教师为目的，为新疆维吾尔自治区、甘肃省及我国其他区县特岗教师提供为期一年的系统性网络培训，并奖励特岗“青椒计划”优秀学员。

6. 综合扶贫模式。该模式是指在同一个慈善信托中，综合采用以上两种或者两种以上创新模式的扶贫方式。

（二）扶老、救孤、恤病、助残、优抚类慈善信托

扶老、救孤、恤病、助残、优抚，“即扶助老人、救助孤儿、体恤救济病人、帮助残疾人、优待伤残军人及家属”[1]。这类人群属于社会的弱势群体，需要得到全社会的关心和帮助。需要注意的是，通过提供财物设立信托来扶助上述不特定的对象，自然属于慈善信托；直接帮助某个特定的人，则不能构成慈善信托，只能构成私益信托。

1. 扶老类慈善信托。扶老意为扶助老人。扶老类慈善信托即以扶助老人为其慈善目的，具体包括开展敬老爱老活动，帮助贫困、孤寡或空巢老人缓解困境，提高失能老人基础社会保障，预防老年痴呆，救助失独家庭，资助居家养老服务中心建设，提高养老机构服务水平等。扶老类慈善信托通过汇聚社会慈善资源，成为养老敬老的重要力量，能减轻政府及家庭的养老压力，特别是为贫困、孤寡、空巢老人提供养老保障，提高老年人幸福感，助力老年人实现老有所依、老有所养。例如，2018 年备案成立的“天信世嘉·信德扶老助困 01 期”慈善信托，备案期限为 2 年，备案财产规模为 50 万元，通过为天津市区域内低保低收入老年人投保老年人健康意外险等形式，提高其基础社会保障水平。又如，2023 年备

---

〔1〕 李适时、李立国主编：《中华人民共和国慈善法释义》，中国民主法制出版社 2016 年版，第 29 页。

案成立的“欧阳芬慈善信托”,备案期限为长期,备案财产规模为 100 万元,用于救助长沙市内低保、失孤、高龄、空巢等孤寡老人,以及支持其他符合《慈善法》规定的公益慈善活动。

2. 救孤类慈善信托。救孤意为救助孤儿。救孤类慈善信托即以救助孤儿为其慈善目的,具体包括实施有利于孤儿成长的项目,对留守、流动、单亲等困难家庭儿童进行救助帮扶,对失独家庭开展心理辅导和援助等。例如,2018 年备案的“湖畔魔豆慈善信托”,期限永续,备案财产规模为 2.66 亿元,其慈善目的是困境母亲扶助、困境儿童扶助(救助),儿童抚育、助学等符合以困境母亲和困境儿童作为主要帮扶对象,旨在推动性别平等、教育公平,倡导公民的社会责任,推动社会和谐进步为宗旨的其他公益慈善项目。又如,2022 年备案成立的“紫金信托 · 江苏银行圆融善德重症孤弃儿童舒缓疗护救助慈善信托”,无固定期限,备案财产规模为 16.83 万元,信托资金用于为南京市社会儿童福利院彩虹项目中的重症孤弃儿童提供康复教育服务等慈善目的,包括但不限于为南京市社会儿童福利院彩虹项目中的重症孤弃儿童康复教育服务提供资金支持,内容包括支付康复教育服务费用、采购康复教育服务所需材料等。

3. 恤病类慈善信托。恤病意为体恤救济病人。恤病类慈善信托即以体恤救济病人为其慈善目的,具体包括各类需要救济的病人,其中特别是患有重大疾病的危困老人、妇女和儿童。例如,2020 年备案成立的“建德市慈善总会 · 大病救助慈善信托”,无固定期限,备案财产规模为 20 万元,用于开展大病救助等慈善活动,以及支持其他符合《慈善法》规定的公益活动。又如,2023 年备案成立的“国元信托康乃馨慈善信托”,备案期限为 5 年,备案财产规模为 2690.8 万元,用于助力低收入困境妇女、罕见病患儿等困难妇女儿童。

4. 助残类慈善信托。助残意为帮助残疾人。助残类慈善信托即以帮助残疾人为其慈善目的,《残疾人保障法》第 2 条规定,残疾人是指在心理、生理、人体结构上,某种组织、功能丧失或者不正常,全部或者部分丧失以正常方式从事某种活动能力的人。残疾人包括视力残疾、听力残疾、言语残疾、肢体残疾、智力残疾、精神残疾、多重残疾和其他残疾的人。例如,2021年备案成立的“光信善·益善宝上医助残慈善信托”,无固定期限,备案财产规模为600万元,由受托人将信托财产最终投向该慈善信托的受益人,包括残疾人及其家属、助残工作人员、爱心人士等,支持有序开展的助残相关的健康关怀等公益活动。又如,2022年备案成立的“农商爱心助残慈善信托”,无固定期限,备案财产规模为100万元,用于帮助和扶持残疾人,促进残疾人事业的发展,以及支持其他符合《慈善法》规定的公益活动。

5.优抚类慈善信托。优抚意为优待伤残军人及家属。优抚类慈善信托即以优待伤残军人及其家属为其慈善目的,根据我国《军人抚恤优待条例》的规定,“优抚”的对象包括中国人民解放军现役军人、服现役或者退出现役的残疾军人以及复员军人、退伍军人、烈士遗属、因公牺牲军人遗属、病故军人遗属、现役军人家属。该条例中的家属是指军人(含烈士)的父母、配偶、子女,以及依靠军人生活的18周岁以下的弟妹,军人自幼曾依靠其抚养、失去自养能力后又必须依靠军人生活的其他亲属。这类人群属于社会的弱势群体,由于身体的原因,他们的生活一般比较困难,在享受国家有关待遇的同时,也应当得到社会的帮助。例如,2019年备案成立的“陕国投·关爱退役军人慈善信托”,备案期限为2年,备案财产规模为100.1万元,旨在向陕西省慈善协会与陕西省退役军人事务厅设立的陕西省退役军人关爱基金会进行捐赠,为退役军人提供关爱服务。又如,2022年备案成立的“中铁信托—伊洁士退役军人关爱金慈善信托”,无固定期限,备案财产规模为30万元,信托资金用于帮扶援助困难退役军人及支持其他符合《慈善法》规定的公益活动。

此外,还有综合上述慈善目的的慈善信托。例如,2023年备案成立的“善行浙金—凯鸿慈善信托”,无固定期限,备案财产规模为20万元,用于开展扶贫、济困、扶老、救孤、恤病、助残、优抚、救灾等符合《慈善法》规定的公益慈善活动,及促进教育、科技、文化、卫生、体育、环保等事业发展,具体以委托人指令为准。

(三)救助自然灾害、事故灾难和公共卫生事件等突发事件类慈善信托

根据《突发事件应对法》第3条第1款规定,“本法所称突发事件,是指突然发生,造成或者可能造成严重社会危害,需要采取应急处置措施予以应对的自然灾害、事故灾难、公共卫生事件和社会安全事件”。当发生自然灾害、事故灾难和公共卫生事件等突发事件时,往往会造成较大的损害,政府的救助力量有限,需要动员全社会的力量给予支援和救助。同时,可通过慈善捐赠、慈善信托等方式向灾民提供资金、物质帮助,或者通过其他机构提供经济或物质资助,帮助灾民解决生活、生产困难等。

1. 救助自然灾害的慈善信托。自然灾害通常是指自然因素或者人为活动引发的,危害或者可能危害人民生命和财产安全的水旱灾害、气象灾害、地震灾害、地质灾害、海洋灾害、生物灾害、森林草原火灾等事件。域外有相关的实践,如泰国政府于2005年出资1000万美元成立“印度洋和东南亚国家海啸信托基金”;又如国际货币基金组织于2015年2月成立的“灾难控制和救济信托基金”,向遭遇大型自然灾害和疫情的低收入国家提供资金援助,以减少这些国家的债务负担,从而将更多资源用于开展救灾和灾后重建工作。对此,我国也开展了一些实践。例如,2021年备案成立的“百瑞仁爱·灾害救助慈善信托”,备案期限为永续,备案财产规模为10万元,用于自然灾害救助特别是组织7·20特大暴雨灾害的救援和灾后救助,以及救灾相关的慈善活动的支持和推广等。又如,2022年备案成立的“中建投信托·善泉5号(应急救灾类)慈善信托”,无固定期限,备案财产规模为652.96万元,由受托人按照委托人意愿,以受托人自己的名义将信托财产用于符合慈善目的、根据中国法律法规规定开展的慈善活动。

2. 救助事故灾难的慈善信托。事故灾难是在人们生产、生活过程中发生的,直接由人的生产、生活活动引发的,违反人们意志的、迫使活动暂时或永久停止,并且造成大量的人员伤亡、经济损失或环境污染的意外事件,如爆炸事故、水电器事故、火灾、交通事故等。单独以此为目的

的慈善信托,较为鲜见。

3. 救助公共卫生的慈善信托。公共卫生是关系到一个国家或地区人民大众健康的公共事业,通过有组织的努力或者有根据的选择来预防疾病、延长寿命并促进健康的科学与技术。例如,2020 年备案成立的“国通信托 · 中国信托业抗击新型肺炎慈善信托”,无固定期限,备案财产规模为 3090 万元,信托财产主要用于新型冠状病毒疫情的防控并救助由其造成的损害,信托财产使用方向包括:(1)捐赠给慈善组织及医疗系统单位等可以合法接受捐赠的疫情防控和救治相关机构;(2)向医务人员、志愿者及公众发放防疫保障,抚恤因疫死亡家庭;(3)该次疫情结束后用于公共卫生、应急救助、医疗科研、健康教育及倡导等事业。

此外,存在综合以上三种目的的慈善信托。例如,“国通信托 · 风雨同舟共抗灾害慈善信托”,其慈善目的为:主要用于救助自然灾害、事故灾难和公共卫生事件等突发事件造成的损害。另外,还有一些慈善信托旨在提升公众的防灾减灾意识,提高应急灾难救援能力和支持灾后重建等,如“长安慈‘长安心’防灾减灾救灾慈善信托”。

(四)促进教育、科学、文化、卫生、体育等事业发展类慈善信托

教育、科学、文化、卫生、体育等事业的范围比较广泛,只要提供财物设立信托的目的是发展这些事业,都可以构成慈善信托。“这是慈善活动发展到一定阶段,注入的新的内涵。现代的慈善已经不仅仅局限于扶贫济困救灾,而是有了新的含义。”[1]

1. 促进教育事业发展的慈善信托。包括以帮扶困难儿童、促进青少年教育教学、促进职业教育发展、改善教育设施、加强教育人才培养、推动特定教育项目或课程开发、资助大学教育研究等多种信托目的,资助周期涵盖了从幼儿园到大学的各个教育阶段。慈善信托对教育领域的

---

〔1〕 李适时、李立国主编:《中华人民共和国慈善法释义》,中国民主法制出版社 2016 年版,第 29 页。

关注以及对教育资源的投入与补充,有利于社会教育公平发展。

促进教育事业发展的慈善信托,是除扶贫济困类慈善信托之外,我国慈善信托发展的另一主要类型。促进教育事业发展的慈善信托较多,本书重点介绍三个典型案例:一是2019年备案成立的"吴毅文慈善信托"。该慈善信托期限为永久存续,备案财产规模为904.84万元,用于捐助、救助贫困学生及患重大疾病的贫困少年儿童等慈善用途。这是毛积孝按照吴毅文的遗嘱成立的慈善信托,根据毛积孝的回忆:吴毅文生前非常节俭,但碰到学生有困难,她都慷慨解囊。"这辈子无论挣多少钱,百年后都要捐给社会",这是吴毅文的追求,也是她的信念。吴毅文患癌症期间,多次嘱托毛积孝将其遗产全部用于公益事业,并让毛积孝担任她的遗嘱执行人。二是2019年备案成立的"中信信托2019江平法学教育慈善信托",其备案期限为永久存续,备案财产规模为236.62万元,信托目的是促进我国民商法学教育及法学研究的水平。2024年,该慈善信托财产总规模追加至836.62万元,受托人按照信托财产净值的0.3%/年收取受托人管理费。三是2021年备案成立的"中信信托·2021芳梅教育慈善信托",其备案期限为永久存续,备案财产规模为20,001万元,其慈善目的是将信托财产有效用于奖励龙岩市优秀教师,继而推动龙岩的教育水平提高、为龙岩的发展提供高素质人才。

2. 促进文化事业发展的慈善信托。此类慈善信托域外非常常见。例如,J. Paul Getty Trust目前是全球文化领域最大的慈善信托,通过在洛杉矶和世界各地宏大的工作项目,尝试持续为艺术历史研究和博物馆学领域研究提供保护支持,致力于支持视觉艺术事业,促进所有年龄段观众欣赏和获得艺术知识。[1]

我国在这方面亦有探索实践,例如,"苏信·韩天衡文化艺术慈善信托",备案期限为10年,备案财产规模为2000万元,慈善目的是支持文化艺术领域公益项目。又如,"厦门信托—重庆园林中国传统文化保护

[1] 中国信托业协会编著:《慈善信托研究》,中国金融出版社2016年版,第32页。

传承慈善信托”,备案期限为20年,备案财产规模为100万元,信托利益定向运用于中国传统文化保护传承项目及从事传统文化保护传承的专业机构。此外,2023年备案成立的“中航信托 · 中信银行 · 黄羲文化艺术慈善信托”,不设固定存续期限,备案财产规模为1000万元,用于推动文化艺术事业发展,繁荣中华文化。

3. 促进科学事业发展的慈善信托。《科学技术进步法》第1条明确,该法的立法目的是全面促进科学技术进步,发挥科学技术第一生产力、创造第一动力、人才第一资源的作用,促进科技成果向现实生产力转化,推动科技创新支撑和引领经济社会发展。为了促进科学事业的发展,慈善信托积极开展相关探索。例如,“中信信托2016年航天科学慈善信托”,备案期限为4年,备案财产规模为840万元,其信托目的为促进航天科学事业发展、奖励航天科学事业人才。又如,2021年备案成立的“钱江科学研究慈善信托”,备案期限为永续,备案财产规模为3999万元,用于支持生物医学工程等领域的科学研究,促进教育、科学、文化、卫生等事业的发展,以及支持其他符合《慈善法》规定的公益活动。

4. 促进卫生事业发展的慈善信托。围绕资助医疗设备、助力儿童医疗、帮扶特定疾病人群治疗、促进中医的传承与发展、培养医学领军人物、提高贫困地区医疗水平、促进贫困地区医疗卫生事业发展等,慈善信托可以聚焦医疗健康,通过整合慈善资源,为困难群众提供形式多样的医疗援助和健康帮扶,解决部分群众看病难、看病贵的问题,为困难群众提供更全面、更充分的医疗保障服务,在一定程度上填补基本医疗保障的空白,适当弥补政府救助的不足,助力完善医疗保障体系建设。例如,“天目助医慈善信托”,无固定期限,备案财产规模为30万元,信托资金用于开展慈善助医,支持促进医疗、卫生等事业发展的公益活动。

5. 促进体育事业发展的慈善信托。根据《体育法》的规定,该法的立法目的是促进体育事业,弘扬中华体育精神,培育中华体育文化,发展体育运动,增强人民体质。对此,慈善信托积极尝试促进体育事业的发展,例如,2021年备案成立的“长安慈　青春、健康、活力,助力14运体育公益慈善信托”,备案期限为 1 年,备案财产规模为 100 万元,旨在支持第十四届全国运动会圆满举办,促进陕西省体育事业发展。又如,2023 年备案成立的“中铁信托—武侯社区基金会—马家河社区体育发展慈善信托”,无固定期限,备案财产规模为 10 万元,其慈善目的为支持社区体育事业发展,包括资助公益性质的社区体育比赛与培训、资助为公益慈善筹款开展的体育比赛活动、向贫困家庭青少年捐赠体育用品、提升完善社区体育设施,以及其他符合该慈善信托目的的公益活动。

(五)防治污染和其他公害,保护和改善生态环境类慈善信托

《环境保护法》第 2 条规定,“本法所称环境,是指影响人类生存和发展的各种天然的和经过人工改造的自然因素的总体,包括大气、水、海洋、土地、矿藏、森林、草原、湿地、野生生物、自然遗迹、人文遗迹、自然保护区、风景名胜区、城市和乡村等”。同时该法第 4 条规定,“保护环境是国家的基本国策。国家采取有利于节约和循环利用资源、保护和改善环境、促进人与自然和谐的经济、技术政策和措施,使经济社会发展与环境保护相协调”。

一直以来,环境保护都被全世界重视。“保护和改善人类的生存环境,才能保障经济社会的可持续发展,有利于人类的可持续发展。”[1] 英美等国家先后通过法院判例确认,环境保护属于公益目的。一般来说,出资或者捐物设立信托,用于防治或清除环境污染,植树造林,采取措施防治沙漠化危害,科学处理工业废料和生活垃圾等致污物质,进行环境保护方面的科学研究等,都构成慈善信托。例如,英国的国民信托(The National Trust),该慈善信托的信托是为了全体国民的利益而保存优美或有历史价值的土地及建筑物,它通过购买土地、历史建筑物、绘画作品等财产并保护该财产,以此为全体国民提供良好的生存环境。美国的历

〔1〕 李适时、李立国主编:《中华人民共和国慈善法释义》,中国民主法制出版社 2016 年版,第 29 页。

史国民保护信托与英国国民信托拥有相似的发展脉络与服务逻辑。美国国家历史遗产保护信托(National Trust For Historic Preservation)是美国著名的慈善信托之一,其致力于保护美国国家历史文化,具体包括保护修复历史建筑与打造强大社区文化等,其慈善信托财产用途主要包括三个方面:一是78%用于历史保护修复项目,二是15%用于行政管理,三是7%用于信托资金募集。我国台湾地区的"环境保护公益信托自然谷环境教育基地",通过购买、长期租借、接受委托或捐赠,取得荒地的监护与管理权,将之圈护,尽可能让大自然经营自己,恢复生机,让子孙后代从刻意保留下来的荒野中探知自然的奥妙,领悟生命的意义。

我国《信托法》规定,"发展环境保护事业、维护生态环境"属于公益目的;《慈善法》也将"防治污染和其他公害,保护和改善生态环境"列为慈善目的之一。近年来,我国备案的与环境保护相关的慈善信托中,慈善信托目的主要聚焦防治污染和其他公害、促进再生循环利用、资助地区生态保护项目、保护和改善生态环境等。慈善信托通过保护自然环境,既保护了自然财富,同时也保护了社会财富、经济财富。优质的生态环境紧密连接经济社会发展的潜力和后劲,良好的生态环境是涉及所有人的公共产品。例如,2017年备案成立的"万向信托·中国水源地保护慈善信托",期限永续,备案财产规模为1500万元,用于促进中国的水环境保护事业发展、保护生态环境。该慈善信托的主要项目是龙坞水库,本书作者到该地进行了调研。根据2014年一份水质监测报告,龙坞水库的总氮、总磷和溶解氧等超标,水源地水质受到污染。对此,该慈善信托与大自然保护协会等组织和机构合作,开展水源地保护模式设计、林地科学管理方案、保护效果评估及协调等各项工作,最终通过集中管理水源地周围汇水区的竹林,有效控制了水源地竹林内的农药、化肥使用,让竹林处于最佳的水源涵养状态。同时,通过帮助村民和环境友好产业的投资者将收益最大化,创建了可持续发展机制。又如,2020年备案成立的"华润信托·腾格里沙漠环境慈善信托",备案期限为5年,备案财产规模为600万元,对决策委员会根据中国生物多样性保护与绿色发展基金会与8家委托人涉案调解书确定的范围决议所确定的各类活动或组织(资助环保社会组织、环保组织或其他单位实施的腾格里沙漠周边或黄河流域的环保项目、环保活动以及环保相关奖励活动),以信托财产为限进行无偿资助。

(六)符合我国《慈善法》规定的其他公益活动类慈善信托

公益事业的范围随着社会、经济的发展而变化,采用列举的办法确定公益事业的范围,显然难以适应这种变化。为此,我国《慈善法》作出兜底规定,以便今后增加相应的公益目的。"除前五项以外,可能还有其他的公益活动,为避免列举不全,本项采用了兜底的表述方式。但是,慈善活动的范围,也不是无限的,并不是任何公益活动都是慈善活动。本法对于其他公益活动也作了限定,即必须是符合本法规定的慈善活动。"[1]

对此,域外一些国家和地区,将戒毒、戒酒,建立和维护社会公众休闲设施等公共设施,保护动物不受伤害,增强国家的防御力量,发展宗教等,视为公益事业。日本"社区营造组织"用慈善信托的方式设立社区营造基金,致力于社区环境营造、风貌改善、风俗展示、居民互助等方面,发挥了极大的治理价值。1992年,日本世田谷区政府当局组织成立公益信托,用于鼓励市民团体或个人参与社区发展活动,并由9人组成的委员会负责遴选申请补助的团体与相关重要决策。资助目标包括启动小额补助用以鼓励没有经验的人参与社区工作、社区设计或发展活动、社区营造之家设置与运营和其他社区特别专案等。

(七)目的综合类慈善信托

对一些慈善信托特别是资产规模较大的慈善信托,其慈善目的往往不局限于前述6项中的某一类,可能会同时涉及其中两类或者两类以

---

〔1〕 李适时、李立国主编:《中华人民共和国慈善法释义》,中国民主法制出版社2016年版,第30页。

上，本书将其称为“目的综合类慈善信托”。例如，2017 年备案成立的“华能信托新风祥慈善信托计划”，备案期限 5 年，备案财产规模为 1000 万元，用于《信托法》《慈善法》规定的各项公益、慈善事业。又如，2024 年备案成立的“君子伙伴 · 喜万年慈善信托”，无固定期限，备案财产规模为 360.64 万元，用于有序开展“扶贫济困、助医助学、养老助残、环保优抚、科教文卫”等各类慈善活动、推动中国慈善事业发展。

需要注意的是，慈善信托目的的设置应当与慈善信托财产规模相匹配，目的过大而财力不足或者慈善信托规模较大而目的过小，都是不适宜的。本书作者认为，设立慈善信托之初应当进行科学的测算，以慈善信托财产实现慈善信托目的后略有盈余为妥。

对于目的综合类慈善信托，有人称其为一般目的公益信托，“是指信托目的是一般性公益目的，没有具体目的。例如，信托目的是发展社会公益事业，并未限定某项或某些公益目的，这种情况下受托人享有充分的自由裁量权，可以将信托财产用于范围广泛的公益目的。”[1] 与一般目的公益信托相对应，“特定目的公益信托，是指信托目的限于某项或某些公益目的，这种情况下受托人只能将信托财产用于指定的信托目的。”[2]

三、慈善信托的其他种类

按照其他分类方法，慈善信托还可以分为以下类型。

（一）合同型慈善信托、遗嘱型慈善信托、宣言型慈善信托

1. 合同型慈善信托，是指委托人通过订立书面合同设立的慈善信托，当前我国的慈善信托主要为合同型慈善信托。根据我国《信托法》的

---

〔1〕 何宝玉：《信托法原理研究》（第 2 版），中国法制出版社 2015 年版，第 467 ~ 468 页。
〔2〕 何宝玉：《信托法原理研究》（第 2 版），中国法制出版社 2015 年版，第 468 页。

规定,采取信托合同形式设立信托的,信托合同签订时,信托成立。信托合同除了应当载明信托目的,委托人、受托人的姓名或者名称、住所,受益人或者受益人范围,信托财产的范围、种类及状况,受益人取得信托利益的形式、方法外,还可以约定信托期限、信托财产的管理方法、受托人的报酬、新受托人的选任方式、信托终止事由等事项。对此,《慈善信托管理办法》作出了更加严格的规范,该管理办法第 14 条规定,慈善信托文件应当载明下列事项:(1)慈善信托名称;(2)慈善信托目的;(3)委托人、受托人的姓名或者名称、住所,如设置监察人,监察人的姓名或者名称、住所;(4)受益人范围及选定的程序和方法;(5)信托财产的范围、种类、状况和管理方法;(6)年度慈善支出的比例或数额;(7)信息披露的内容和方式;(8)受益人取得信托利益的形式和方法;(9)信托报酬收取标准和方法。除前述所列事项外,可以载明信托期限、新受托人的选任方式、信托终止事由、争议解决方式等事项。

2. 遗嘱型慈善信托,是指委托人通过书面遗嘱方式设立的慈善信托。遗嘱信托也称遗产信托、身后信托,在英美非常普遍,特别是在美国,因为遗产税和遗嘱信托挂钩,很多人利用遗嘱信托实现遗产的税收递延。"目前,美国现存慈善信托案例中,以遗嘱信托方式设立的最多。"[1]我国也允许设立遗嘱信托。我国《信托法》第 8 条规定,设立信托可以采取遗嘱方式;该法第 13 条进一步规定,设立遗嘱信托,应当遵守《民法典》关于遗嘱的规定。遗嘱指定的人拒绝或者无能力担任受托人的,由受益人另行选任受托人;受益人为无民事行为能力人或者限制民事行为能力人的,依法由其监护人代行选任。遗嘱对选任受托人另有规定的,从其规定。同时,我国《民法典》第 1133 条第 4 款规定,"自然人可以设立遗嘱信托"。鉴于此,我国允许以遗嘱方式设立慈善信托,唯需注意的是,设立遗嘱慈善信托的遗嘱应当采用书面形式。本书作者建议,遗嘱不一定非要采取书面形式,根据《民法典》等相关法律法规规定

---

〔1〕 中国信托业协会编著:《慈善信托研究》,中国金融出版社 2016 年版,第 29 页。

有效即可。

3. 宣言型慈善信托。宣言信托(declaration of trust)是指委托人对外发表声明和表示,以自己为受托人就特定财产设立的信托。“设立宣言信托,只需要委托人对外作出公开宣言即可有效成立,对外宣言的人既是委托人,也是受托人。因信托财产继续由委托人持有和管理,宣言信托无须转移信托财产。在英美,当事人可以通过宣言信托,为他人利益或者慈善目的设立宣言信托,实务上大多利用宣言信托从事公益活动、解决夫妻或同居伴侣之间可能产生的财产纠纷。大陆法系信托法原则上不承认宣言信托。”〔1〕日本《信托法》(2013年修订版)承认了宣言信托,该法第3条规定,作为信托的方法,“特定人表示按一定的目的,对于自己所有的一定财产,应自为管理、处分或其他欲达成该目的之必要行为,并于公证书及其他书面或电磁记录上载明该目的、该特定财产之必要事项及其他法务省令规定之事项者”。〔2〕我国《信托法》未就宣言信托直接作出规定,但鉴于我国《信托法》规定“设立信托,应当采取书面形式”,因此一般认为宣言信托不被法律认可。

(二)意定慈善信托、法定慈善信托

1. 意定慈善信托。意定信托是依委托人的意愿而设立的信托,它是委托人主动设立的,也称设定信托(created trust)。意定信托是最常见的信托类型,我国的慈善信托基本上都是意定信托。

2. 法定慈善信托。法定信托(statutory trust)是指依照相关法律法规规定而成立的信托。域外的盲目信托(blind trust,又称强制信托)属于典型的法定信托,即要求一定职位以上的公职人员放弃对自有财产的管理处分权,而必须依法设立信托将财产交付信托管理,其目的是防止公职人员在行使公务与管理处分私有财产之间的利益冲突,促进公职人员清

---

〔1〕何宝玉:《信托法原理研究》(第2版),中国法制出版社2015年版,第107页。

〔2〕[日]新井诚:《信托法》(第4版),刘华译,中国政法大学出版社2017年版,第447页。

廉行政。此外，日本的《农田协同组合法》规定的农田信托、《森林组合法》规定的森林信托，也属于法定信托。

根据我国《信托法》的有关规定，法定信托存在以下两种情形：一是根据我国《信托法》第55条规定，信托终止，信托财产的归属确定后，在该信托财产转移给权利归属人的过程中，信托视为存续，权利归属人视为受益人。二是根据我国《信托法》第72条规定，公益信托终止，没有信托财产权利归属人或者信托财产权利归属人是不特定的社会公众的，经公益事业管理机构批准，受托人应当将信托财产用于与原公益目的相近似的目的，或者将信托财产转移给具有近似目的的公益组织或者其他公益信托。后者当属法定慈善信托。

（三）单一慈善信托、集合慈善信托

1.单一慈善信托。只有一个委托人的慈善信托为单一慈善信托。对此，也有人将其称为独立出资的公益信托，"是指由某个人、某个家庭、某个组织作为委托人单独出资设立的公益信托"[1]。

2.集合慈善信托。委托人为两人或两人以上的慈善信托为集合慈善信托。对此，也有人将其称为共同出资的公益信托，"是指由一个组织或一群人发起或组织，有数量较多的不特定社会大众参与，共同出资设立的信托"[2]。此外，视委托人是否为不特定的社会公众，集合慈善信托又可以分为向特定对象募集善款设立的慈善信托、向社会公众募集善款设立的慈善信托，其中后者通常又称为公募慈善信托。

对于我国是否允许设立公募慈善信托，《慈善法》起草过程中一直存有争议。我国现有的《慈善法》《慈善信托管理办法》没有对此作出明确规定，即没有正面回答这个问题，但《慈善信托管理办法》第18条要求慈善信托的受托人向民政部门申请备案时，应当提交"委托人身份证明（复

---

〔1〕 何宝玉：《信托法原理研究》（第2版），中国法制出版社2015年版，第468～469页。

〔2〕 何宝玉：《信托法原理研究》（第2版），中国法制出版社2015年版，第469页。

印件）和关于信托财产合法性的声明”，这实质上让公募慈善信托不具有可操作性。本书作者认为，公募慈善信托不属于公开募捐，应当有条件允许。实务中，有慈善组织先公开募捐，再将所得款项用于设立慈善信托的变通做法。

（四）资金型慈善信托、财产型慈善信托、综合财产型慈善信托

1. 资金型慈善信托，是指委托人以自己合法所有的资金设立的慈善信托。当前，我国的慈善信托主要为资金型慈善信托。依据设立慈善信托的资金币种，又可以分为本币慈善信托、外币慈善信托等。

2. 财产型慈善信托。通常，人们把动产信托、不动产信托、有价证券信托及其他财产或财产权信托，统称为财产信托。财产慈善信托是指委托人以非货币形式的财产或财产权设立的慈善信托。视财产的具体类型，财产型慈善信托又可进一步细分为动产（包括汽车、船舶、飞机、收藏品、艺术品、各种设备等）慈善信托、不动产（房地产、基础设施等）慈善信托、有价证券慈善信托、知识产权（包括著作权、专利权、商标权等）慈善信托、各类收益权（包括资产收益权、股权收益权、项目收益权、信托受益权、应收账款等）慈善信托等。

3. 综合财产型慈善信托，是指慈善信托财产中同时包含资金、动产、不动产、有价证券、其他财产或财产权中的两类或者两类以上的慈善信托。例如，2023 年 4 月备案的“余善一号不动产慈善信托”中，其慈善信托财产包含现金类资产和不动产财产权益。

（五）单一受托人慈善信托、共同受托人慈善信托

1. 单一受托人慈善信托，是指同一慈善信托的受托人为一人的慈善信托，当前我国的慈善信托主要为单一受托人慈善信托。

2. 共同受托人慈善信托，是指同一慈善信托的受托人人数为两人或者两人以上的慈善信托。我国《信托法》第 31 条规定，共同受托人应当共同处理信托事务，但信托文件规定对某些具体事务由受托人分别处理

的,从其规定。共同受托人共同处理信托事务,意见不一致时,按信托文件规定处理;信托文件未规定的,由委托人、受益人或者其利害关系人决定。同时,《信托法》第32条规定,共同受托人处理信托事务对第三人所负债务,应当承担连带清偿责任。第三人对共同受托人之一所作的意思表示,对其他受托人同样有效。共同受托人之一违反信托目的处分信托财产或者因违背管理职责、处理信托事务不当致使信托财产受到损失的,其他受托人应当承担连带赔偿责任。

(六)管理型慈善信托、服务型慈善信托

1. 管理型慈善信托。该类慈善信托需要受托人为了受益人的最大利益,对慈善信托财产进行管理处分。依受托人职责,管理型慈善信托又可分为主动管理型慈善信托、被动管理型慈善信托。

2. 服务型慈善信托。该类慈善信托中,受托人无须对慈善信托财产施加管理处分。受托人主要运用其在账户管理、财产独立、风险隔离等方面的制度优势和服务能力,提供除资产管理服务以外的资产流转、资金结算、财务监督、慈善支出和受益分配等受托服务。

(七)受益人慈善信托、目的慈善信托、混合慈善信托

1. 受益人慈善信托。在传统的普通法系信托规则下,信托必须有受益人。最终有明确受益人的慈善信托,即为受益人慈善信托。我国的慈善信托主要为受益人慈善信托。

2. 目的慈善信托。相对受益人慈善信托而言,目的慈善信托没有明确的受益人,仅服务于特定的慈善目的。

3. 混合慈善信托,即一个信托的受益对象同时包含受益人和特定目的。

(八)固定期限慈善信托、无期限慈善信托

1. 固定期限慈善信托。所谓固定期限慈善信托,即其信托期限有一

定的时间限制,通常由信托当事人协商确定,可长可短。

英美法系普遍接受英国早期确立的反对永久管业权规则,对私益信托存续期限予以限制,禁止设立永久信托,防止产生所谓的"死手控制活人"现象,以促进财产特别是土地的交易。根据这一规则,英国私益信托的期限为80年或者特定受益人的一生加上21年;美国大部分州法律规定,私益信托的期限应当在80年或100年之内。慈善信托的存续期限原则上不受限制。反对永久管业权规则也称为反对永久信托规则,实际上它包含下面三项具体规则:一是反对遥远授予规则(rule against remoteness of vesting),就是禁止财产所有人在遥远的时间以后才将财产授予受益人。二是反对禁止转让规则(rule against inalienability),限制受益人处分信托本金的期限不得超过反对遥远授予规则确定的期限。三是反对永久积累原则(rule against accumulation),即限制信托财产的积累期间,禁止无限期地积累信托收入,否则既阻碍财产的正常流通,也容易积累巨额财富,扩大贫富差距。[1]

2. 无期限慈善信托,又称永久慈善信托、永续型慈善信托。永久信托(perpetual trust)是指无期限限制的信托。事实上,永久信托的"永久"也是相对的,当信托财产被耗尽、受益人不复存在、信托目的已经实现时,信托也会终止。在域外,无期限信托通常不被允许,因为会被人们用来永远递延税收的缴纳。我国对信托期限没有限制,既允许固定期限信托,也允许无期限信托,当前不少慈善信托为永续型信托。

(九)封闭式慈善信托、开放式慈善信托、半封闭半开放慈善信托

1. 封闭式慈善信托。该类信托的委托人在慈善信托存续期内,不得追加慈善信托财产。封闭式慈善信托在设立信托时就已经确定信托财产规模,在设立后的存续期内其慈善信托财产规模不会增加。

---

〔1〕 参见何宝玉:《信托法原理研究》(第2版),中国法制出版社2015年版,第113~114页。

2. 开放式慈善信托。该类信托的委托人可以依据信托文件的约定，在规定的时间和场所追加慈善信托财产。开放式慈善信托在信托存续期间，其慈善信托的财产规模会随着新的委托人的加入、原委托人增加交付财产而发生变动。

3. 半封闭半开放慈善信托。该类信托允许委托人追加慈善信托财产，但其开放天数和频次均要弱于开放式慈善信托。

（十）本金动用型慈善信托、维持本金型慈善信托

1. 本金动用型慈善信托，又称为消耗型慈善信托，该慈善信托在进行慈善活动支出时既可以使用收益，也可以动用本金，由于本金会被逐步消耗，本金动用型慈善信托一般有固定的存续期限。

2. 维持本金型慈善信托，又称为自生型慈善信托，该慈善信托仅将信托财产本金产生的收益用于开展慈善活动及覆盖相关费用，本金持续留存。相较而言，维持本金型更适用于财产规模较大、永续存续的慈善信托，同时由于每年仅支出收益部分，因此慈善支出会倒逼维持本金型慈善信托应有较高的投资管理水平。

对此，英美法上也将上述两种分类称为“维持基本财产的慈善信托”和“运用基本财产的慈善信托”。[1]

（十一）资助型慈善信托、运作型慈善信托、混合型慈善信托

1. 资助型慈善信托。在资助型慈善信托中，受托人负责按照慈善信托文件的规定进行慈善支出，如定期将慈善信托财产支付给符合慈善目的的信托受益人。

2. 运作型慈善信托。在运作型慈善信托中，受托人具有绝对主导作用，要同时负责慈善信托财产的管理处分以及慈善项目的执行，承担慈善信托运作的全部职责。

---

〔1〕 参见赵廉慧：《信托法解释论》，中国法制出版社 2015 年版，第 525 页。

3. 混合型慈善信托。在混合型慈善信托中,受托人既受托管理慈善信托财产,又直接执行慈善项目,同时也可选择将慈善信托财产交由慈善项目执行人来实现慈善目的,这种模式适合规模较大的慈善信托。

(十二)国内慈善信托、国际慈善信托

1. 国内慈善信托。国内信托又称境内信托,根据我国《信托法》第 3 条的规定,境内信托是指在中华人民共和国境内进行的民事、营业和公益信托活动。国内慈善信托需要遵守我国《信托法》《慈善法》等法律法规的规定。

2. 国际慈善信托。国际信托又称离岸信托,通常是指信托活动所涉及的地域已经超出了某一个国家或者地区的范围。通常,离岸信托是委托人为特定目的,在英属维尔京群岛、开曼群岛、泽西岛、百慕大、库克岛或者塞舌尔群岛等司法管辖区设立的,由该司法管辖区的专业受托人管理的信托。这些离岸司法管辖区因资源禀赋、地理位置所限,选择了以提供金融和资产管理服务、旅游业等作为发展经济的主导产业,它们以极其宽松、自由的金融法律制度吸引全球财富。

此外,委托人设立的信托如果同时兼顾私益目的和慈善目的,还可分为公私并行信托、公益余额信托、慈善先行信托等类型(详见本书第十一章的内容介绍)。

第四章　慈善信托的设立、变更、终止与备案

慈善信托的设立，应当符合一定的条件和流程；慈善信托设立后，根据慈善信托文件的规定和实际情况的变化可以变更有关事项。慈善信托符合约定或者法定终止条件的，即告终止。

一、慈善信托的设立与备案

（一）慈善信托的设立条件

1. 三项基本条件

英国信托法总结了信托设立的三个必要条件，即三个明确性，一是信托目的明确，二是信托标的物明确，三是受益对象明确。就慈善信托的设立而言，也应当有明确的慈善目的、明确的慈善信托财产以及明确的受益人范围。

（1）具有合法的慈善目的。我国《信托法》第6条规定，设立信托，必须有合法的信托目的。对此，我国《信托法》第11条第1项进一步规定，信托目的违反法律、行政法规或者损害社会公共利

益的,信托无效。

慈善信托,应当符合《慈善法》第 3 条规定的慈善目的,且这一目的应当贯穿慈善信托的始终。《慈善信托管理办法》第 7 条规定,设立慈善信托,必须有合法的慈善信托目的。以开展下列慈善活动为目的而设立的信托,属于慈善信托:①扶贫、济困;②扶老、救孤、恤病、助残、优抚;③救助自然灾害、事故灾难和公共卫生事件等突发事件造成的损害;④促进教育、科学、文化、卫生、体育等事业的发展;⑤防治污染和其他公害,保护和改善生态环境;⑥符合《慈善法》规定的其他公益活动。

(2)具有合法确定的慈善信托财产。我国《信托法》第 7 条规定,设立信托,必须有确定的信托财产,并且该信托财产必须是委托人合法所有的财产。对此,我国《信托法》第 11 条第 2 项进一步规定,信托财产不能确定的,信托无效。

对于慈善信托财产,同样必须是确定的,且慈善信托财产及其收益不得用于非公益目的。《慈善信托管理办法》第 12 条规定,设立慈善信托,必须有确定的信托财产,并且该信托财产必须是委托人合法所有的财产。前款所称财产包括合法的财产权利。

(3)具有明确的受益人范围。我国《信托法》第 9 条第 3 款第 3 项规定,设立信托,其书面文件应当载明受益人或者受益人范围。对此,我国《信托法》第 11 条第 5 项进一步规定,受益人或者受益人范围不能确定的,信托无效。

对于慈善信托,其在设立时受益人是不确定的。但是,慈善信托文件中应当明确约定受益人的范围,以便慈善信托存续期间能够依照约定产生具体的受益人。《慈善信托管理办法》第 14 条第 1 款第 4 项规定,慈善信托文件应当载明受益人范围及选定的程序和方法。

2. 我国《慈善法》规定的条件

根据我国《慈善法》的规定,设立慈善信托应当符合以下条件:

(1)遵守慈善活动开展的基本原则。《慈善法》第 4 条规定,慈善工作坚持中国共产党的领导。开展慈善活动,应当遵循合法、自愿、诚信、非营利的原则,不得违背社会公德,不得危害国家安全、损害社会公共利益和他人合法权益。

(2)采用书面形式。《慈善法》第45条第1款规定,设立慈善信托、确定受托人和监察人,应当采取书面形式。

对此,我国《信托法》亦有同样规定。《信托法》第8条规定,设立信托,应当采取书面形式。书面形式包括信托合同、遗嘱或者法律、行政法规规定的其他书面文件等。"所谓法律、行政法规规定的其他书面文件等,是指协议书、信件和数据电文(包括电传、传真、电子邮件)等可以有形表现所载内容的形式。"[1] 至于遗嘱,《信托法》第13条第1款规定,以遗嘱方式设立信托,应当遵守《继承法》关于遗嘱的规定。同时,根据《信托法》第9条的规定,书面信托文件应当载明下列事项:①信托目的;②委托人、受托人的姓名或者名称、住所;③受益人或者受益人范围;④信托财产的范围、种类及状况;⑤受益人取得信托利益的形式、方法。对于信托期限、信托财产的管理方法、受托人的报酬、新受托人的选任方式、信托终止事由等事项,属于信托文件的选择性条款,可以在设立信托时在信托文件中事先约定。法律法规对此暂没有过多的限制性规定,更多的是体现信托当事人的意思自治。在此基础上,《慈善信托管理办法》提出了更加具体的要求,该管理办法第14条规定,慈善信托文件应当载明下列事项:①慈善信托名称;②慈善信托目的;③委托人、受托人的姓名或者名称、住所,如设置监察人,监察人的姓名或者名称、住所;④受益人范围及选定的程序和方法;⑤信托财产的范围、种类、状况和管理方法;⑥年度慈善支出的比例或数额;⑦信息披露的内容和方式;⑧受益人取得信托利益的形式和方法;⑨信托报酬收取标准和方法。除前款所列事项外,可以载明信托期限、新受托人的选任方式、信托终止事由、争议解决方式等事项。

---

[1] 李适时、李立国主编:《中华人民共和国慈善法释义》,中国民主法制出版社2016年版,第133页。

(3)履行备案手续。《慈善法》第45条第1款规定,受托人应当在慈善信托文件签订之日起7日内,将相关文件向受托人所在地县级以上人民政府民政部门备案。

(4)受托人适格。《慈善法》第47条规定,慈善信托的受托人,可以由委托人确定其信赖的慈善组织或者信托公司担任。

(5)设置信托监察人(如需)。《慈善法》第50条第1款规定,慈善信托的委托人根据需要,可以确定信托监察人。

3. 我国《信托法》规定的其他条件

在遵守《慈善法》上述规定的基础上,根据我国《信托法》的规定,设立慈善信托还应当符合以下条件:

(1)遵守信托活动开展的基本原则。《信托法》第5条规定,信托当事人进行信托活动,必须遵守法律、行政法规,遵循自愿、公平和诚实信用原则,不得损害国家利益和社会公共利益。

(2)依法办理信托登记。《信托法》第10条规定,设立信托,对于信托财产,有关法律、行政法规规定应当办理登记手续的,应当依法办理信托登记。未依照前款规定办理信托登记的,应当补办登记手续;不补办的,该信托不产生效力。关于信托登记,本书在第五章中将进一步介绍。

(二)慈善信托的设立流程

1. 慈善信托设立前的沟通。慈善信托设立前,受托人要和委托人作充分沟通,了解委托人希望实现的慈善目的,帮助委托人选择最佳的慈善方式。在此基础上,受托人应当根据委托人的慈善目的,为其量身定制慈善信托框架,起草相关文件草稿,并和委托人进一步沟通,争取双方达成共识。

2. 受托人内部决策。通常情况下,受托人会设立慈善信托部门,负责客户维护、业务拓展、制定项目方案、提交项目审批、撰写法律文件、签署合同、设立备案等工作。签署慈善信托文件之前,需要履行必要的内部决策程序。受托人内部可以根据信托事务的风险程度,建立并适用不同的风险决策流程。

(1)单一受托人决策机制

一是项目立项。慈善信托部门发起慈善信托立项流程,经业务主管领导审批决定是否立项。

二是提交慈善信托方案。慈善信托立项后,慈善信托部门应提交慈善信托方案,内容通常涉及慈善信托名称、目的、规模、期限、相关主体信息等基本要素,受益人范围及选定的程序和方法,受益人取得信托利益的形式和方法,信托财产的管理方法和投资范围,年度慈善支出的比例或数额,信托报酬及其他管理费用,信息披露的内容和方式,信托终止事由及信托终止后信托财产的处分等。

三是审查决策。审查决策机构按照慈善信托审批流程,对慈善信托方案予以审批,并决定是否予以实施。

(2)共同受托人决策机制

根据我国《信托法》的规定,共同受托人共同处理信托事务,任何一方违反信托目的处分信托财产或者因违背管理职责、处理信托事务不当致使信托财产受到损失的,另一方应当承担连带赔偿责任。因此,共同受托模式的慈善信托要形成清晰的治理机制,宜在慈善信托文件中就慈善信托共同决策事项、受托人职责分工,以及慈善信托对外代表等事项作出明确约定。

实务中,慈善信托采用共同受托模式的,通常由慈善组织和信托公司担任共同受托人,有利于取长补短,实现慈善信托的专业分工。本书认为,就慈善信托的重要事项宜建立共同决策机制,建议在该机制中明确以下内容。

一是成立慈善信托决策委员会。慈善信托运行中的重要事项,应当提交慈善信托决策委员会审议通过后方可执行。在决策委员会的人员构成上,可由共同受托人委派代表组成;也可根据委托人的意愿,引入委托人(代表)、信托监察人、慈善领域专家等其他人员。

二是明确决策委员会议事规则。任一受托人均有权召集慈善信托决策委员会会议。慈善信托决策委员会审议事项，应当经全体委员多数同意后生效。共同受托人之一管理处分慈善信托财产，需共同受托人双方共同承担受托管理责任，因此慈善信托决策委员会就重要事项进行决策时，共同受托人的任何一方均宜有一票否决权。

三是明确应当提交慈善信托决策委员会审议的重要事项。本书建议，重要事项具体可以包括：批准慈善信托年度慈善支出与信托财产投资管理计划；批准慈善信托信息披露报告；选定具体的慈善项目及受益人；信托财产运用于慈善信托决策委员会授权范围以外的投资；处置慈善信托运行中出现的风险；慈善信托变更事项，包括增加委托人、增加信托财产、变更受益人范围及受益人选定程序等。

3. 签署慈善信托文件

通常，慈善信托文件表现为慈善信托合同。由于慈善信托的个性化，慈善信托合同主要体现为非标准化合同。

慈善信托的受托人应当依法制作、审核、签署慈善信托合同，确保慈善信托合同不违反法律法规的规定。同时，受托人应当根据慈善信托实际开展情况，建立完善的合同管理制度，明确合同管理的流程及各部门的职责、权限及责任，切实防范合同风险。

对于属于营业信托的信托产品，金融监管部门要求委托人与受托人签署信托文件时，需要录音录像（以下简称“双录”）。根据《银行业金融机构销售专区录音录像管理暂行规定》（银监办发〔2017〕110 号）第 2 条的规定，“双录”是指银行业金融机构在营业场所销售自身依法发行的理财产品及合作机构依法发行的金融产品，应实施专区“双录”管理，即设立销售专区，并在销售专区内装配电子系统，对每笔产品销售过程同步录音录像。本书认为，慈善信托不属于营业信托，签署慈善信托文件不用“双录”，特别是当慈善信托的受托人为慈善组织时，更无须“双录”。

此外，慈善信托合同签署前，最好能获得拟备案民政部门的事先认可。

4. 交付慈善信托财产

当慈善信托财产为资金时，一般要求委托人将货币资金从自己的银行账户一次性足额转账至受托人在保管银行开立的信托资金专户，完成慈善信托财产交付。但慈善信托文件也可以约定，由委托人分期交付慈善信托财产。例如，2022 年备案的“中信信托—和的慈善基金会 · 美泽慈善信托”，其慈善目的是推动科技事业发展，促进科研成果转化；奖励和资助科研人才、团队，支持促进科技发展的项目或机构。根据备案内容，该慈善信托的备案财产规模为 1 亿元，首笔交付资金 100 万元，其委托人至迟应在信托生效后的 20 个自然年度内累计交付人民币 1 亿元。

目前，除了传统的资金作为慈善信托的信托财产外，股权、不动产、艺术品、收藏品等也逐渐成为慈善信托的财产类型。相较资金而言，非现金类资产作为慈善信托财产的交付较为复杂，目前存在的障碍主要包括：一是缺乏信托登记制度，人们以股权、不动产等设立慈善信托，存在一定的法律瑕疵和合规风险。二是缺乏非交易过户制度，交付过程中可能存在双重征税等不合理税赋，增加慈善信托委托人的负担，打击慈善信托委托人的公益热情。

5. 慈善信托的设立备案

《慈善法》第 45 条第 1 款规定，受托人应当在慈善信托文件签订之日起 7 日内，将相关文件向受托人所在地县级以上人民政府民政部门备案。该规定降低了慈善信托的设立门槛和成本，有利于人们更好地利用慈善信托开展慈善活动。

为了增强上述规定比较原则的可操作性，《慈善信托管理办法》作出了进一步的具体规定：

(1)关于申请备案主体。单一受托人没有疑义，即由受托人履行备案手续。《慈善信托管理办法》第 16 条规定，信托公司担任受托人的，由其登记注册地设区市的民政部门履行备案职责；慈善组织担任受托人的，由准予其登记或予以认定的民政部门履行备案职责。对于共同受托人，《慈善信托管理办法》第 17 条规定，同一慈善信托有两个或两个以上受托人时，委托人应当确定其中一个承担主要受托管理责任的受托人按照本章规定进行备案。备案的民政部门应当将备案信息与其他受托人所在地的县级以上人民政府民政部门共享。

（2）关于申请备案材料。《慈善信托管理办法》第 18 条规定，慈善信托的受托人向民政部门申请备案时，应当提交以下书面材料：①备案申请书；②委托人身份证明（复印件）和关于信托财产合法性的声明；③担任受托人的信托公司的金融许可证或慈善组织准予登记或予以认定的证明材料（复印件）；④信托文件；⑤开立慈善信托专用资金账户证明、商业银行资金保管协议，非资金信托除外；⑥信托财产交付的证明材料（复印件）；⑦其他材料。以上材料一式四份，由受托人提交履行备案职责的民政部门指定的受理窗口。

（3）关于备案回执。《慈善信托管理办法》第 21 条规定，慈善信托备案申请符合《慈善法》《信托法》和本办法规定的，民政部门应当在收到备案申请材料之日起 7 日内出具备案回执；不符合规定的，应当在收到备案申请材料之日起 7 日内一次性书面告知理由和需要补正的相关材料。

此外，当慈善信托的受托人为信托公司时，《慈善信托管理办法》第 22 条规定，信托公司新设立的慈善信托项目应当按照监管要求及时履行报告或产品登记义务。根据《信托登记管理办法》第 2 条的规定，信托登记是指中国信托登记有限责任公司对信托机构的信托产品及其受益权信息、国务院银行业监督管理机构规定的其他信息及其变动情况予以记录的行为。本处所指的产品登记，应属慈善信托成立时的初始登记，“登记要素包括产品基本信息、产品发行信息、产品合同信息、委托人及受托人之间的信托关系、受托人持有的信托受益权份额等”[1]。

6. 慈善信托成立与公告

《信托法》第 8 条第 3 款规定，采取信托合同形式设立信托的，信托

〔1〕 中国信托业协会编著：《信托监管》（第 2 版），中国金融出版社 2023 年版，第 169 页。

合同签订时,信托成立。采取其他书面形式设立信托的,受托人承诺信托时,信托成立。这一规定亦适用于慈善信托。但本书认为,慈善信托是否成立还要看是否已经备案,也就是说备案是慈善信托的生效要件之一。

需要注意的是,我国《信托法》第 11 条规定,有下列情形之一的,信托无效:(1)信托目的违反法律、行政法规或者损害社会公共利益;(2)信托财产不能确定;(3)委托人以非法财产或者本法规定不得设立信托的财产设立信托;(4)专以诉讼或者讨债为目的设立信托;(5)受益人或者受益人范围不能确定;(6)法律、行政法规规定的其他情形。同时,我国《信托法》第 12 条规定,委托人设立信托损害其债权人利益的,债权人有权申请人民法院撤销该信托。人民法院依照前款规定撤销信托的,不影响善意受益人已经取得的信托利益。

慈善信托成立后,需要发布成立公告。我国《慈善法》第 76 条规定,县级以上人民政府民政部门和其他有关部门应当及时向社会公开慈善信托备案事项。《慈善信托管理办法》第 55 条规定,民政部门和银行业监督管理机构应当及时向社会公开慈善信托备案事项。同时,该管理办法第 56 条规定,受托人应当在民政部门提供的信息平台上,发布慈善信托设立情况说明,并对信息的真实性负责。

二、慈善信托的变更与备案

关于慈善信托的变更与备案,我国《信托法》《慈善法》均有相关规定。根据我国《慈善法》第 51 条的规定,当《慈善法》有规定时,优先适用该法的规定;当《慈善法》未规定时,则适用《信托法》的有关规定。

(一)慈善信托的变更

慈善信托涉及的变更事项,主要包括变更受托人、变更慈善信托文件的有关条款等。

1. 变更受托人

我国《慈善法》第48条规定，慈善信托的受托人违反信托义务或者难以履行职责的，委托人可以变更受托人。根据该条规定，慈善信托的委托人可以在以下两种情形下变更受托人：

（1）受托人违反信托义务。例如，"受托人履行慈善信托义务不符合委托人设立信托目的，或者不完全履行义务致使全部或者部分受益人权益受损的"〔1〕。对此，《慈善信托管理办法》第37条规定，慈善信托的受托人违反信托文件义务时，委托人可以变更受托人。该规定将"信托义务"表述为"信托文件义务"，有欠妥之处。

对于什么是信托义务，本书作者认为可以理解为受托人的信义义务。"在英美信托法上，信义义务是受托人行为规范的基本原则，是能否达成信托目的的关键。概括为一句话，信义义务就是受托人应当为受益人的最大利益处理信托事务。所谓最大利益，是受托人尽心尽力、力所能及地管理信托财产所能带来的最佳效果。通常情况下，信义义务主要包含注意义务和忠实义务两层基本含义：①注意义务（duty of care）。亦称谨慎义务，即受托人应当以专业的技术与谨慎的注意管理处分信托财产，具体包括注意的需要、技能的需要、谨慎的需要；②忠实义务（duty of loyalty），即受托人管理处分信托财产时，不能为自己和他人谋取私利，而应以受益人的最大利益为处理信托事务的最高宗旨。"〔2〕对此，《信托公司受托责任尽职指引》就信托业务涉及的尽职调查与审批管理、产品营销与信托设立、运营管理、合同规范、终止清算、信息披露、业务创新等各个环节的尽职要求，作出了详细的规定。

（2）受托人难以履行职责。"例如，慈善组织出现应当终止情形的，慈善组织应当终止，并进行清算，在这种情形下，作为受托人的慈善组织

〔1〕 李适时、李立国主编：《中华人民共和国慈善法释义》，中国民主法制出版社2016年版，第135页。

〔2〕 蔡概还：《资产管理与财富传承》，中国金融出版社2023年版，第278～282页。

则不能履行慈善信托职责。”[1]对于难以履行职责的情形,《慈善信托管理办法》第37条作了列举,包括慈善信托的受托人出现依法解散、法定资格丧失、被依法撤销、被宣告破产或者其他难以履行职责的情形。

相较于《信托法》第68条的规定,即“公益信托的受托人违反信托义务或者无能力履行其职责的,由公益事业管理机构变更受托人”,《慈善法》规定的受托人变更主体,由公益事业管理机构变更为慈善信托的委托人。本书认为,这一规定有欠妥之处,当慈善信托的委托人死亡或者依法解散、被依法撤销、被宣告破产时,若发生慈善信托受托人的变更事由,该由谁来变更?“当作为委托人的自然人死亡、丧失民事行为能力,作为机构的委托人解散的情形下,如何变更慈善信托的受托人将无法落实。由于《慈善法》没有赋予民政部门变更受托人的权力,如何对不合格、不称职的受托人进行变更,将是未来实践可能遇到的问题。”[2]

需要注意的是,慈善信托的受托人能否自行辞任呢?我国《慈善法》没有作出规定。根据《信托法》第66条的规定,即“公益信托的受托人未经公益事业管理机构批准,不得辞任”,因此,应理解为慈善信托的受托人也不得辞任。对此,《慈善信托管理办法》第39条规定,慈善信托的受托人不得自行辞任,信托文件另有规定的除外。本书作者认为,该除外条款的规定欠妥,不宜有例外情形。

2. 变更慈善信托文件的有关条款

对于变更慈善信托文件的有关条款,我国《慈善法》未作规定,因此要适用《信托法》的相关规定,并注意以下两点:

(1)变更的主体是原备案的民政部门。我国《信托法》第69条规定,“公益信托成立后,发生设立信托时不能预见的情形,公益事业管理机构可以根据信托目的,变更信托文件中的有关条款”。实务中,变更往往由受托人向原备案的民政部门提出申请,并比照受托人变更进行变更备

---

〔1〕 李适时、李立国主编:《中华人民共和国慈善法释义》,中国民主法制出版社2016年版,第135页。

〔2〕 中国信托业协会编著:《慈善信托研究》,中国金融出版社2016年版,第92页。

案。本书认为,按照《信托法》的规定,慈善信托成立后,发生设立慈善信托时不能预见的情形,原备案的民政部门可以根据信托目的,变更慈善信托文件中的有关条款。但这一规定相当严苛,考虑《慈善法》的立法精神,慈善信托文件有关条款的变更,比照受托人变更的程序,由受托人向民政部门提出变更申请,原备案的民政部门根据申请作出变更,也似无不可。

(2)涉及的变更事项较多。根据我国《信托法》第69条的规定,"赋予公益事业管理机构更大的职权,不仅有权变更信托财产的管理方法,在不违反信托目的的情况下,可以对信托文件的任何条款进行适当的修改或者变更"[1]。具体来说,可以包括:①增加新的委托人;②增加信托财产;③变更信托受益人范围及选定的程序和方法;④变更慈善信托财产的管理方法;⑤变更受益人取得信托利益的形式、方法;⑥变更慈善信托期限;⑦变更受托人的报酬;⑧依法可以变更的其他事项。对此,《慈善信托管理办法》第38条规定,根据信托文件约定或者经原委托人同意,可以变更以下事项:①增加新的委托人;②增加信托财产;③变更信托受益人范围及选定的程序和方法;④国务院民政部门和国务院银行业监督管理机构规定的其他情形。

对于能否变更慈善目的,本书认为,慈善信托相关当事人不宜申请变更,但民政部门应该有权作出变更。

(二)慈善信托的变更备案

1.受托人的变更备案

我国《慈善法》第48条规定,变更后的受托人应当在变更之日起7日内,将变更情况报原备案的民政部门重新备案。

对此,《慈善信托管理办法》第20条第2款、第3款进一步规定,受

---

〔1〕 全国人大《信托法》起草工作组编:《〈中华人民共和国信托法〉释义》,中国金融出版社2001年版,第161~162页。

托人变更申请重新备案时,应当提交以下书面材料:(1)原备案的信托文件和备案回执;(2)重新备案申请书;(3)原受托人出具的慈善信托财产管理处分情况报告;(4)作为变更后受托人的信托公司的金融许可证或慈善组织准予登记或予以认定的证明材料(复印件);(5)重新签订的信托合同等信托文件;(6)开立慈善信托专用资金账户证明、商业银行资金保管协议,非资金信托除外;(7)其他材料。以上书面材料一式四份,由变更后的受托人提交原备案的民政部门受理窗口。

2. 慈善信托文件有关条款的变更备案

如前所述,根据我国《信托法》规定,慈善信托文件有关条款的变更,由民政部门作出,因此并不涉及变更备案的问题。但实务中,慈善信托文件有关条款的变更,应比照受托人变更并进行备案。

对此,《慈善信托管理办法》第 19 条规定,慈善信托备案后,发生该办法第 39 条规定的部分变更事项时,慈善信托的受托人应当在变更之日起 7 日内按照该办法第 18 条的规定向原备案的民政部门申请备案,并提交发生变更的相关书面材料。如当月发生两起或两起以上变更事项的,可以在下月 10 日前一并申请备案。

(三)慈善信托变更的备案回执

对于慈善信托变更备案的回执,同样适用《慈善信托管理办法》第 21 条的规定,即慈善信托备案申请符合《慈善法》、《信托法》和该办法规定的,民政部门应当在收到备案申请材料之日起 7 日内出具备案回执;不符合规定的,应当在收到备案申请材料之日起 7 日内一次性书面告知理由和需要补正的相关材料。

(四)慈善信托变更备案的信息披露

慈善信托发生变更事项并进行变更备案后,需要发布变更公告。我国《慈善法》第 76 条规定,县级以上人民政府民政部门和其他有关部门应当及时向社会公开慈善信托备案事项。对此,《慈善信托管理办法》第

55 条规定,民政部门和银行业监督管理机构应当及时向社会公开慈善信托备案事项。同时,该管理办法第 56 条规定,受托人应当在民政部门提供的信息平台上,发布慈善信托变更事由。

三、慈善信托的终止与报告

(一)慈善信托的终止情形

我国《慈善法》未对慈善信托终止作出具体规定,因此需要适用《信托法》的相关规定。我国《信托法》第 53 条规定,有下列情形之一的,信托终止:(1)信托文件规定的终止事由发生;(2)信托的存续违反信托目的;(3)信托目的已经实现或者不能实现;(4)信托当事人协商同意;(5)信托被撤销;(6)信托被解除。对此,《慈善信托管理办法》第 40 条作出同样规定,有下列情形之一的,慈善信托终止:(1)信托文件规定的终止事由出现;(2)信托的存续违反信托目的;(3)信托目的已经实现或者不能实现;(4)信托当事人协商同意;(5)信托被撤销;(6)信托被解除。

对上述终止事由,本书认为有三种终止情形应当谨慎对待:

1. 关于"信托文件规定的终止事由发生",不宜在任何情形下均作为慈善信托的终止情形。私益信托中,设立信托的信托合同、遗嘱或者其他书面文件可以规定信托的终止条件,如信托期限届满。当信托文件规定的终止条件成就时,该信托关系消灭。但是,信托文件可以规定各种各样的终止事由,不能一概允许作为慈善信托的终止情形,而要视该终止事由的具体内容而定。例如,慈善信托文件约定"经委托人同意终止",即不能成为慈善信托的终止事由。

2. 关于"信托当事人协商同意",不宜作为慈善信托的终止情形。该规定主要针对私益信托,在私益信托情形下,"信托当事人包括委托人、受托人、受益人,经他们协商达成一致的,自然可以解除信托”[1]。但是,该终止情形不能适用于慈善信托,即便慈善信托委托人、受托人、信托监察人(如有)在协商同意的情况下,慈善信托亦不能终止。

3. 关于“信托被解除”,不宜作为慈善信托的终止情形。信托的解除,是指在信托存续期间,信托关系当事人基于法律或者信托文件的规定,行使解除权而使信托关系归于消灭的民事法律行为。我国《信托法》第 50 条规定:“委托人是唯一受益人的,委托人或者其继承人可以解除信托。信托文件另有规定的,从其规定。”本书认为,这种解除权主要存在于自益信托中,他益信托的委托人或者继承人原则上不得解除信托[2],慈善信托更不能解除。

需要注意的是,慈善信托的存续期限较长,原先确定的慈善目的可能会因为时代的变迁而不具有公益性,从而导致慈善信托的终止。“什么目的是为了公共利益,也是不断变化的。在一个时代认为是公共利益的目的,在另一个时代可能认为不是。就慈善信托而言,如果它的目的不再被认为是慈善性的,受托人可以请求运用近似原则,将信托财产用于类似的慈善目的。”[3]

(二)慈善信托终止的报告

对于慈善信托终止,我国《慈善法》未明确规定需要备案。对此,我国《信托法》第 70 条规定,公益信托终止的,受托人应当于终止事由发生之日起 15 日内,将终止事由和终止日期报告公益事业管理机构。因此,慈善信托终止的,受托人应当于终止事由发生之日起 15 日内,将终止事由和终止日期报告民政部门。对此,《慈善信托管理办法》第 41 条规定,自慈善信托终止事由发生之日起 15 日内,受托人应当将终止事由、日

[1] 全国人大《信托法》起草工作组编:《〈中华人民共和国信托法〉释义》,中国金融出版社 2001 年版,第 131 页。

[2] 他益信托中也存在例外,当受益人对委托人或者其他共同受益人有重大侵权行为时,委托人通常也可解除信托。

[3] 何宝玉:《信托法原理与判例》,中国法制出版社 2013 年版,第 319 页。

期、剩余信托财产处分方案和有关情况报告备案的民政部门。

对慈善信托终止时履行报告义务还是进行终止备案？本书作者倾向于后者，慈善信托从设立、变更到终止都进行备案，有始有终，既利于人们查询，也利于社会和公众监督。

（三）慈善信托终止，受托人应当作出处理信托事务的清算报告

对此，我国《慈善法》未有明确规定。我国《信托法》第71条规定，公益信托终止的，受托人作出的处理信托事务的清算报告，应当经信托监察人认可后，报公益事业管理机构核准，并由受托人予以公告。可以这样理解：慈善信托终止的，受托人作出的处理信托事务的清算报告，应当经信托监察人（如有）认可后，报民政部门核准，并由受托人予以公告。但也有人认为，"慈善信托清算报告是否要报民政部门核准，我们认为根据《慈善法》的立法精神，还有待商榷"[1]。对此，《慈善信托管理办法》第42条规定，慈善信托终止的，受托人应当在30日内作出处理慈善信托事务的清算报告，向备案的民政部门报告后，由受托人予以公告。慈善信托若设置信托监察人，清算报告应事先经监察人认可。从这一规定来看，受托人作出的处理信托事务的清算报告并不需要民政部门核准，要求有所放松。

对于慈善信托的清算报告，"根据以往公益信托开展的实践来看，应当包括以下内容：一是慈善信托的概况。包括慈善信托的成立、期限、规模、信托目的、委托人、受益人、受托人、监察人（若有）、保管人、慈善信托财产的运用情况、受托人报酬、信托财产专户情况。二是慈善信托的管理、运用和处分情况。包括慈善信托受托人如何管理信托财产、慈善财产具体运用情况、慈善项目运作情况、慈善信托财产的各项支出情况等。三是慈善信托的终止、清算与分配。包括慈善信托的终止事由、慈善信

---

〔1〕 中国信托业协会编著：《慈善信托研究》，中国金融出版社2016年版，第95页。

托财产的清算情况、信托利益的分配情况、剩余财产的处理情况等”[1]。

(四)慈善信托终止的信息披露

慈善信托终止后,受托人需要发布终止公告。如前所述,根据我国《信托法》第71条的规定,慈善信托终止的,受托人应当作出处理信托事务的清算报告并公告。

对于民政部门是否需要向社会公开慈善信托终止信息,我国《慈善法》第76条列举情形中未作明确,但该条第9项规定:“法律法规规定应当公开的其他信息。”对此,《慈善信托管理办法》第55条规定,民政部门和银行业监督管理机构应当及时向社会公开慈善信托终止事项。同时,该管理办法第56条规定,受托人应当在民政部门提供的信息平台上发布慈善信托终止事由。

归纳一下,关于慈善信托的终止清算,受托人的职责主要有以下4个方面:一是确定终止日期,受托人应当于终止事由发生之日起15日内,将终止事由和终止日期等报告备案民政部门;二是制定处置方案,在信托财产处置前将处置方案报告备案民政部门;三是处置清算,受托人根据处置方案处置慈善信托财产,或经民政部门批准后运用于近似目的;四是信息披露,受托人应当向备案民政部门提交慈善信托的终止报告,并向社会公开经备案民政部门、监察人(如有)认可的清算报告。

---

[1] 中国信托业协会编著:《慈善信托研究》,中国金融出版社2016年版,第95~96页。

第五章 慈善信托财产

信托财产在英美法系国家又称为信托标的物,是构成信托的基本要素之一。根据我国《信托法》第 14 条的规定,信托财产是受托人因承诺信托而取得的财产。受托人因信托财产的管理运用、处分或者其他情形而取得的财产,也归入信托财产。

一、慈善信托财产的特征与类型

通俗地说,信托财产就是委托人交由受托人管理处分的财产,它还包括受托人因管理运用、处分或者其他情形而取得的财产。慈善信托财产属于信托财产的一种类型,同样也具有信托财产的法律属性和特征。

(一)慈善信托财产的特征

1. 合法性

慈善信托财产的合法性,是指委托人用于设立慈善信托的财产应当是合法取得并占有的财产。我国《信托法》第 7 条规定,设立信托的财产必须是委托人合法所有的财产,包括合法的财产权利。同时,该法第 11 条第 3 项进一步规定,委托人以非法财产或者本法规定不得设立信托的财产设立信托的,信托无效。

通常情况下,以下财产不能用来设立慈善信托:一是非法财产。例如,走私、盗窃、抢劫获得的非法财产以及其他非法侵占的公私财产等。二是权属不清的财产,包括所有权、使用权不明或者有争议的财产。三是其他不得设立信托的财产,例如,尚未存在的财产、已经不存在的财产、将来可能取得的财产或权利、已经依法转让给他人的财产或权利、已经失效的权利等,均不得作为慈善信托财产。此外,未征得配偶同意的夫妻共同财产,也可能导致设立的慈善信托无效。

2. 确定性

慈善信托财产的确定性,要求信托财产从委托人的固有财产中隔离出来,而且在数量和边界上都应当明确,以便受托人为实现慈善目的对其进行管理处分。我国《信托法》第 7 条规定,设立信托,必须有确定的信托财产。在此基础上,该法第 11 条第 2 项进一步规定,信托财产不能确定的,信托无效。

信托财产的确定性具有非常重要的意义,这不仅关系到慈善信托的成立是否有效,也直接涉及受托人的责任、对抗第三人等。

3. 可处分性

慈善信托财产的可处分性,是指对用来设立慈善信托的财产,委托人享有决定财产的归属和命运的权利,也即有处置财产的权利。例如,各国法律一般规定,维持委托人及其家庭成员的生活所必需的财产,如委托人及其家属所必需的生活用品,教育所必需的器具、物品,以及退休金、养老金、抚恤金等具有特殊性质的财产,通过禁止强制执行该类财产以保障委托人及其家庭的生活。这些财产具有特殊性质,委托人不得随意处分,故不能用于设立慈善信托。

4. 公益性

慈善信托财产的公益性，是指该财产要全部用于社会公益事业。它排除了私人利益的可能性，具有纯公益性，这是慈善信托的制度核心。我国《信托法》第 63 条规定，公益信托的信托财产及其收益，不得用于非公益目的。《慈善信托管理办法》第 23 条进一步明确，慈善信托财产及其收益，应当全部用于慈善目的。对此，《慈善法》第 118 条规定，慈善信托的委托人、受托人将信托财产及其收益用于非慈善目的的，由县级以上人民政府民政部门责令限期改正，予以警告，并没收违法所得；对直接负责的主管人员和其他直接责任人员处 2 万元以上 20 万元以下罚款。

（二）慈善信托财产的类型

我国《信托法》第 14 条第 3 款规定，“法律、行政法规禁止流通的财产，不得作为信托财产”。可以这样理解，法律、行政法规不禁止流通的财产，都可以作为信托财产。同时，《信托法》第 14 条第 4 款规定，“法律、行政法规限制流通的财产，依法经有关主管部门批准后，可以作为信托财产”。从实践中来看，设立慈善信托的财产主要包括以下几种类型。

1. 资金。以资金设立慈善信托，是我国现阶段慈善信托的最常见方式。单个委托人可以资金设立慈善信托，两个及两个以上的委托人也可以将资金集合在一起设立慈善信托。慈善信托财产交付时，委托人可以一次性交付信托资金，也可以分期交付信托资金。

资金作为慈善信托财产和非资金作为慈善信托财产的主要区别在于，受托人对信托财产的管理方式不同。此外，以资金作为信托财产时，应当委托商业银行担任保管人，并依法开立慈善信托资金专户；备案时要提交慈善信托专用资金账户证明、商业银行资金保管协议等。以非资金设立慈善信托，当事人可以委托第三方进行保管，但并非必须，并且备案时也不需要提交相应的证明。对此，《慈善信托管理办法》第 28 条规定，对于资金信托，应当委托商业银行担任保管人，并且依法开立慈善信托资金专户；对于非资金信托，当事人可以委托第三方进行保管。

2. 股权。通常,股权是指有限责任公司、股份有限公司股东基于股东资格而享有的从公司获得经济利益并参与公司经营管理的权利,它可以分为上市公司股权、未上市公司股权等。"与货币型慈善信托相比,股权慈善信托更能发挥信托制度持久的优势,推动慈善活动从传统消耗型模式向自生型路径转变,促进我国慈善事业可持续发展。"[1]

我国已经出现了股权慈善信托的实践。例如,2018 年 6 月 27 日,鲁伟鼎先生签署信托文件,以其持有的万向三农集团有限公司全部股权设立了"鲁冠球三农扶志基金慈善信托"[2]。该慈善信托以公司股权作为信托财产,通过科学的治理架构和决策机制的设计,保障慈善信托长期稳定运行,为未来以公司股权作为慈善财产提供了有益的实践范例。"这是我国目前资产规模最大的永久存续的股权慈善信托,在我国慈善发展历史上具有标志性意义。"[3]但是,"与股权慈善捐赠相比,股权慈善信托在税收优惠政策落实、股权非交易过户、股权上市退出等方面仍需政策支持"[4]。

3. 动产、不动产。在英国,不动产是最主要的慈善信托财产类型。本书第三章提到过的英国国民信托,创办于 1895 年,是英国最大的"地主"和"房主",也是欧洲最成功的历史文化遗产和自然景观保护组织。19 世纪后半叶,随着工业革命的发展进程的深入,对于土地的开发和利用的矛盾日益尖锐,为了保护历史遗迹和历史建筑,以及确保自然环境不被工业发展的进程破坏,欧克塔维亚·希尔(Octavia Hill)、罗伯特·亨特(Robert Hunter)和哈德威克·拉恩斯雷牧师(Hardwicke Rawnsley)三人决定成立国民信托,试图通过购置、遗赠和代为管理等多项方式,防

---

〔1〕 中国慈善联合会慈善信托委员会编:《中国股权慈善报告》,中国社会出版社 2023 年版,第 146 页。

〔2〕 据鲁冠球三农扶志基金官网 2021 年 2 月 22 日消息,经资产评估,以 2020 年 6 月末为基准日,鲁冠球三农扶志基金慈善信托全部资产价值达 141.79 亿元。

〔3〕 傅昌波等:《中国家族慈善研究报告(2022)》,社会科学文献出版社 2023 年版,第 298 页。

〔4〕 中国慈善联合会慈善信托委员会编:《中国股权慈善报告》,中国社会出版社 2023 年版,第 139 页。

止这些历史遗迹、建筑和自然景观因为不当开发而遭到灾难性的破坏，从而保护自然景观和历史文化遗迹，为全体国民提供良好的生态环境。“英国国民信托拥有超过700英里的海岸线，250,000公顷自然景色优美的土地，超过300处历史遗迹、公园、古老的纪念碑和自然保护地等”[1]。

当前，我国也出现了动产、不动产慈善信托的萌芽。动产慈善信托方面，2020年2月17日备案的“光信善·蓝帆医疗实物救援慈善信托”，是我国首单以医用手套、医用口罩、防护服等医疗实物作为信托财产的慈善信托。不动产慈善信托方面，2023年6月1日备案的“桐庐县不动产慈善信托”，是我国首单不动产慈善信托。根据备案信息，该慈善信托交付的不动产信托财产坐落于杭州市桐庐县富春江镇黄坡岭25幢2单元104室，不动产权证编号为“浙(2023)杭州市不动产权第0297112号”。

4. 其他财产或财产权

(1)艺术品、字画等收藏品。以收藏品设立慈善信托，开辟了一个新的慈善财产来源。个人及机构可以以收藏品作为信托财产设立慈善信托，由受托人进行管理处分，通过收藏品市场另类投资、收藏品慈善拍卖、慈善画展、博物馆展览等形式实现慈善目的。

例如，2017年9月11日备案的“万向信托—艺酷慈善信托”，它是我国首单以艺术品作为信托财产的慈善信托，由一位机构委托人及一位自然人委托人共同设立，首期信托财产为委托人收藏的著名画家曹彬的画作41幅，用于发展教育、科学、文化、体育、卫生、环境及其他社会公益事业，以及扶贫、济困、扶老、救孤、恤病、助残、救助灾害事件及其他公益活动。

(2)金融产品。将金融产品作为慈善信托的委托人，是一种国际通行做法。我国营业信托中，基金的基金(Fund of Funds, FOF)、信托的基金(Trust of Funds, TOF)、信托的信托(Trust of Trust, TOT)非常普遍。

[1] 中国信托业协会编著:《信托基础》(第2版)，中国金融出版社2020年版，第42页。

《关于规范信托公司信托业务分类的通知》(银保监规〔2023〕1 号)明确,家族信托涉及公益慈善安排的,其受益人可以是慈善信托。

例如,2017 年 12 月 4 日备案的"外贸信托 2017 年度 · 中国银行 · 满堂红教育慈善信托",是我国首单混合财产慈善信托,创新采用"现金 + 金融产品"的模式,采用"高净值客户 + 商业银行 + 信托公司"三方合作模式,由高净值客户作为委托人,以其拥有的现金和金融产品设立慈善信托,用于奖励优秀教师员工、品学兼优的学生、改善教学条件,促进基础教育。

(3)其他财产权。包括著作权、专利权、商标权、资产收益权、股权收益权、项目收益权、资管产品受益权、应收账款等。

例如,2017 年备案的"幸福传承慈善信托",其信托财产来源为委托人持有的信托受益权,并用于弘扬社会主义精神文明,倡导家庭精神理念,发展家族文化事业,促进传承研究教育活动。又如,2023 年备案的"余善一号不动产慈善信托",备案期限为 10 年,其慈善目的是将信托财产全部用于帮扶杭州市余杭区辖内困难家庭或捐献给余杭区辖内慈善组织,及从事其他符合《慈善法》规定的慈善活动。据了解,该慈善信托的委托人是杭州筒芯数字科技有限公司总经理叶振华,他以名下位于湖州市长兴县一套 47.09 平方米商品房的 10 年使用权作为信托财产设立慈善信托,10 年租金评估价值约为 46,800 元。受托人由杭州工商信托股份有限公司与余杭区慈善总会共同担任,分别负责资产投资管理和项目的运作。其中,余杭区慈善总会负责房屋的出租,或是提供给浙江省内符合条件的困难户免费居住。

二、慈善信托财产具有独立性

各国信托法都明确了信托财产具有法律上的独立性,我国《信托法》也沿袭了这一国际通行惯例,并作出了以下主要规定。

(一)信托财产与委托人未设立信托的其他财产相区别

信托一经有效设立,信托财产就从委托人的责任财产中脱离,委托人的债权人不能再直接干涉信托财产,即信托财产有别于委托人的固有财产。

对此,我国《信托法》第15条规定,信托财产与委托人未设立信托的其他财产相区别。设立信托后,委托人死亡或者依法解散、被依法撤销、被宣告破产时,委托人是唯一受益人的,信托终止,信托财产作为其遗产或者清算财产;委托人不是唯一受益人的,信托存续,信托财产不作为其遗产或者清算财产;但作为共同受益人的委托人死亡或者依法解散、被依法撤销、被宣告破产时,其信托受益权作为其遗产或者清算财产。也就是说,当委托人死亡或者依法解散、被依法撤销、被宣告破产时,信托财产分以下三种情形进行处置:一是在委托人不是受益人的情形中,信托存续,信托财产不属于委托人的遗产或者清算财产。二是当委托人是共同受益人之一时,信托存续,信托财产不属于委托人的遗产或者清算财产,但其信托受益权属于其遗产或者清算财产。三是委托人自己作为唯一受益人的情形,此时信托终止,信托财产属于其遗产或者清算财产。

由于慈善信托是他益信托,因此慈善信托依法设立后,委托人死亡或者依法解散、被依法撤销、被宣告破产时,慈善信托存续,慈善信托财产不属于委托人的遗产或者清算财产。

(二)信托财产与受托人的固有财产相区别

信托财产有别于受托人的固有财产,是信托财产独立性的核心内容,具体体现在:

1.信托财产与受托人的固有财产相区别。信托设立后,信托财产处于一种特殊的独立地位,受托人取得了管理运用和处分信托财产的权利,甚至取得了信托财产的所有权,但是,信托财产并非受托人的固有财产。就受托人自身来说,必须将信托财产与其固有财产严格分开,分别管理,分别记账,不得将信托财产转为其固有财产,也不得将信托财产视为其固有财产的一部分对外承担责任。就受托人以外的其他人来说,不应把信托财产看作受托人的固有财产,在信托存续期间,不能因其与受托人的关系对信托财产主张权利。

2. 信托财产不属于受托人的遗产或清算财产。受托人死亡的,信托财产不属于其遗产,其继承人不得对信托财产提出请求;受托人依法解散、被依法撤销、被宣告破产而终止的,信托财产不属于其清算财产,受托人的债权人不得对信托财产提出请求。这是保护受益人利益的一项重要原则。在此情形下,受托人职责终止,但信托并未终止,只需依照法律法规规定或者信托文件约定选任新的受托人,并将信托财产转移给新受托人继续管理处分即可。这是信托制度连续性、稳定性的体现,目的是实现委托人的信托意图,保证信托财产的连续有效管理。同时,更重要的是,有利于保护信托财产的安全。

对此,我国《信托法》第 16 条规定,信托财产与属于受托人所有的财产相区别,不得归入受托人的固有财产或者成为固有财产的一部分。受托人死亡或者依法解散、被依法撤销、被宣告破产而终止,信托财产不属于其遗产或者清算财产。为达成这一目的,我国《信托法》进一步要求受托人必须将信托财产与其固有财产分别管理、分别记账,一般不得将其固有财产与信托财产进行相互交易等。

同理,对慈善信托而言,慈善信托财产与属于受托人所有的财产相区别,受托人因死亡或者依法解散、被依法撤销、被宣告破产而终止时,慈善信托财产不属于其遗产或者清算财产。

(三)非特殊情形,任何人不得对信托财产强制执行

信托财产是独立的,它既不属于委托人的固有财产,也不属于受托人的固有财产,因此,为了保证信托财产的安全和完整,无论是委托人、受托人还是受益人的债权人,除特殊情形,均不得申请人民法院对信托财产强制执行。

对此,我国《信托法》第 17 条规定,除因下列情形之一外,对信托财产不得强制执行:(1)设立信托前债权人已对该信托财产享有优先受偿的权利,并依法行使该权利的;(2)受托人处理信托事务所产生债务,债权人要求清偿该债务的;(3)信托财产本身应担负的税款;(4)法律规定的其他情形。对于违反前述规定而强制执行信托财产的情况,委托人、受托人或者受益人有权向人民法院提出异议。这一规定同样适用于慈善信托。

(四)信托财产的抵销限制

按照我国有关法律的规定,双方当事人相互存在债权且届清偿期,抵销的债务又属于同种类给付的,即可进行抵销。但由于信托财产的独立性,抵销在信托中受到了严格限制,它体现在以下两个方面:一是受托人管理运用、处分信托财产所产生的债权,不得与其固有财产产生的债务相抵销。其目的是避免受托人以信托财产清偿自己的债务,从而保护信托财产的安全和维护受益人的合法权益。二是受托人管理运用、处分不同委托人的信托财产所产生的债权债务,不得相互抵销。这一般发生在多个委托人将财产委托给同一受托人进行管理处分的情形中。

对此,我国《信托法》第 18 条规定,受托人管理运用、处分信托财产所产生的债权,不得与其固有财产产生的债务相抵销。受托人管理运用、处分不同委托人的信托财产所产生的债权债务,不得相互抵销。这一规定也同样适用于慈善信托。

为了进一步强调信托财产的独立性,《最高人民法院关于印发〈全国法院民商事审判工作会议纪要〉的通知》(法〔2019〕254 号)第 95 条强调,信托财产在信托存续期间独立于委托人、受托人、受益人各自的固有财产。委托人将其财产委托给受托人进行管理,在信托依法设立后,该信托财产即独立于委托人未设立信托的其他固有财产。受托人因承诺信托而取得的信托财产,以及通过对信托财产的管理、运用、处分等方式取得的财产,均独立于受托人的固有财产。受益人对信托财产享有的权利表现为信托受益权,信托财产并非受益人的责任财产。因此,当事人因其与委托人、受托人或者受益人之间的纠纷申请对存管银行或者信托公司专门账户中的信托资金采取保全措施的,除符合《信托法》第 17 条规定的情形外,人民法院不应当准许。已经采取保全措施的,存管银行或者信托公司能够提供证据证明该账户为信托账户的,应当立即解除保全措施。对信托公司管理的其他信托财产的保全,也应当根据前述规则办理。

本书作者认为,信托财产具有法律上的独立性是信托制度的精髓所在,并由此产生了积极的法律效果。可以说,当前对信托财产所有权的归属众说纷纭,但对信托财产具有独立性的安排,世界各国基本是一致的。

正是因为信托财产具有法律上的独立性,因此慈善才会与信托相结合,从而使慈善信托财产具有法律上的独立性,并产生"资产隔离"的法律效果,使该财产成为一笔独立运作的财产,仅服务于慈善目的。通俗地说,即使委托人、受托人不存在了,慈善信托也必须不受影响地存续下去。本书据此认为,没有信托的慈善,是走不远的慈善。

三、实现慈善信托财产独立性的配套制度

我国《信托法》关于信托财产具有独立性的条款,属于原则性的规定。为了实现信托财产的这一独立特性,域外除了通过法律进行规范外,还通常配套专户管理、信托登记等制度。例如,日本《信托法》(2013 年修订版)第 34 条规定,权利之得丧或变更应经登记或注册始得对抗第三人之财产,必须进行信托登记或者注册;权利之得丧或变更无须经登记或注册之财产,动产采取外形上的区别信托财产、固有财产及其他信托之信托财产之状态为保管财产之方法,金钱或动产以外之其他财产,

采取能使其会计计算明确清楚之方法。[1]

(一)当慈善信托财产为资金时,应当开设信托专用账户

信托开户制度,是指信托财产为资金时,为了将信托资金与受托人的固有资金相区别,受托人必须为信托资金开立专用银行账户以及证券、期货和金融衍生品等交易专用账户,以真正实现信托财产独立性的安排。当委托人、受托人或者受益人的债权人拟对信托资金主张权利时,不能对信托专用账户进行查封、扣押,从而实现信托资金的有效风险隔离。

目前,我国只有信托公司建立了这方面的配套制度,根据这些规定,信托公司应当为慈善信托资金开设信托专用账户,信托专用账户名称通常由“信托公司全称加信托产品名称”组成。具体包括:

1. 信托专用资金账户。根据《关于信托投资公司人民币银行结算账户开立和使用有关事项的通知》(银发〔2003〕232 号)的规定,信托公司的固有财产应与信托财产分别管理,其业务人员、资金账户均应分开,不得混合操作。信托公司办理固有财产业务,按照《人民币银行结算账户管理办法》的有关规定设置银行结算账户。信托公司对受托的信托财产,应在商业银行设置专用存款账户。委托人约定信托公司单独管理、运用和处分信托财产时,信托公司应在商业银行按一个信托文件设置一个账户的原则为该项信托财产开立信托财产专户;委托人约定信托公司可以按某一特定计划管理、运用和处分信托财产时,信托公司应在商业银行按一个计划设置一个账户的原则为该项计划开立信托财产专户。

2. 信托专用证券账户。根据《关于信托投资公司开设信托专用证券账户和信托专用资金账户有关问题的通知》(银监发〔2004〕61 号)的规定,信托公司运用信托资金进行证券投资时,应该使用单独开设的信托

---

〔1〕［日］新井诚:《信托法》(第 4 版),刘华译,中国政法大学出版社 2017 年版,第 454 页。

专用证券账户和信托专用资金账户。信托公司应当按照相关法规要求，以信托公司的名义申请在中国证券登记结算有限责任公司上海、深圳分公司开设信托专用证券账户，证券账户名称由“信托公司全称加信托产品名称”组成。同时，信托公司应当根据相关法规和信托文件的约定，申请在中国证券监督管理委员会批准的证券公司开设信托专用资金账户，资金账户名称由“信托公司全称加信托产品名称”组成。信托终止时，信托公司应当及时将信托专用证券账户中的证券资产予以变现，并及时到中国证券登记结算公司和有关证券公司办理信托专用证券账户和信托专用资金账户的注销手续，并妥善保存账户的全部会计资料。

3. 信托专用债券账户。根据《关于信托公司在全国银行间债券市场开立信托专用债券账户有关事项的公告》（中国人民银行公告〔2008〕第22号，已失效）的规定，信托公司运用信托财产在全国银行间债券市场进行债券交易时，应为其设立的每个单一信托和集合信托计划等开立单独的信托专用债券账户。账户名称由“信托公司全称加信托产品名称”组成。同时要求，同一信托公司管理的各信托专用债券账户之间，以及信托公司自营债券账户与信托专用债券账户之间不得相互进行债券交易。信托公司应对各信托专用债券账户进行单独管理，不得挪用其管理的信托专用债券账户的债券或以信托专用债券账户的债券提供担保。

实务中，很多人对信托专用账户的开立和作用还没有形成完整、准确的理解。例如，《慈善信托管理办法》第18条规定，慈善信托的受托人向民政部门申请备案时，应当提交“开立慈善信托专用资金账户证明”。这条规定明确要求受托人须依法开立信托专用账户，但现实中存在受托人随意找一家银行随便开设一个所谓的“专户”，即视为信托专用账户的情形，无法达成该账户内资金与受托人名下其他账户资金相区别的法律效果。

（二）当慈善信托财产为非资金时，一般要进行信托财产登记

信托登记是信托设立时对信托财产进行登记并加以识别的一种法

律行为。信托登记的主要作用,一是保障信托财产的安全和独立,使其与委托人、受托人、受益人的固有财产相区别。二是依法对抗第三人。信托登记具有信托公示的效力,除信托法有特别规定外,其他人不得主张对该信托财产享有权利。三是保护第三人的权益,使其与委托人开展商务活动时,能了解该委托人的实际财务状况。

对此,我国《信托法》第 10 条规定:"设立信托,对于信托财产,有关法律、行政法规规定应当办理登记手续的,应当依法办理信托登记。未依照前款规定办理信托登记的,应当补办登记手续;不补办的,该信托不产生效力。"对于信托登记这一法律用语,实务中有人称其为信托财产登记。因为《信托登记管理办法》(银监发〔2017〕47 号)第 2 条规定,信托登记是指中国信托登记有限责任公司对信托机构的信托产品及其受益权信息、国务院银行业监督管理机构规定的其他信息及其变动情况予以记录的行为。"为了与《信托登记管理办法》中的信托产品登记相区别,通常将我国《信托法》规定的信托登记称为信托财产登记。"[1]

一直以来,由于《信托法》关于信托登记的规定相对原则性,实践中缺乏可操作性。也就是说,我国目前设立信托,尚无法办理信托登记。本书建议,将信托登记定位于"独立性登记"。也就是说,将设立信托的财产涉及的登记分两步走,第一步是信托财产移转的所有权变更登记,第二步是标明其为信托财产的登记。信托登记指的是第二步,不涉及所有权变更登记事项,仅对委托人设立信托的财产烙上"信托"标识。它既可以由原权属登记部门分散登记,也可以交由专门的信托登记机构来统一办理。

此外,本书认为,信托登记非常必要,但仅在设立信托时要求信托登记仍然不够,建议信托存续期间,受托人管理处分信托财产导致信托财产的形态发生变化,且变化后的财产形态根据有关法律、行政法规规定应当办理登记手续的,也应当依法办理信托登记。

---

〔1〕 中国信托业协会编著:《信托监管》(第 2 版),中国金融出版社 2023 年版,第 168 页。

四、慈善信托财产的所有权归属

信托财产归谁所有，理论界颇具争议。慈善信托财产属于信托财产的一种表现形态，现实中同样也仁者见仁、智者见智。

（一）慈善信托存续期间，慈善信托财产的所有权归属

域外普遍认为，委托人设立信托要移转自有财产并归受托人所有。英国信托法认为，一旦信托财产转移给受托人，则应当推定受托人取得了财产所有权。美国信托法认为，在信托关系存续期间，受托人对信托财产享有所有权，并且该权利不受委托人权利保留和有关投资限制的影响。日本《信托法》（2013 年修订版）第 2 条规定，信托财产是指属于受托人的财产，且应依信托为管理处分之一切财产。

对信托存续期间信托财产所有权的归属问题，我国《信托法》没有明确规定。在信托立法过程中，大家对此一直存有意见分歧。归纳起来，主要有以下三种不同意见：第一种意见认为，信托存续期间，信托财产的所有权属于委托人。出于这种考虑的理由是担心委托人利用信托制度规避法律法规，如逃避债务和税收等。第二种意见认为，信托存续期间，信托财产的所有权发生转移，受托人成为新的所有权人。第三种意见认为，信托存续期间，信托财产从委托人、受托人和受益人的固有财产中独立出来，处于一种待定状态，条件成就后，才能明确其所有权人。从我国《信托法》的现有规定来看，应该是采纳了第三种意见。

其实，对信托财产的所有权归属问题，域外也没有完全达成共识，“信托财产名义上虽属受托人所有，实质上并不认属受托人自有财产，而

为颇具独立性质之受益权标的。”[1]对此，国际学术界争议颇多，众说纷纭，归纳起来主要有4种学说：一是双重所有权说，该学说认为受托人是信托财产的名义所有人，委托人或者受益人是信托财产的实际所有人。二是物权说，该学说认为信托财产的所有权属于受益人。三是债权说，该学说认为只有受托人才享有信托财产的所有权，受益人享有的是债权。四是附条件的法律行为说，该学说认为信托财产归受托人所有是有条件的。条件成就前，所有权归受托人；条件成就后，所有权归委托人或者受益人。相对而言，大家比较认同双重所有权说。

本书认为，对我国信托财产的所有权归属问题，可以通过上述第四种学说来解释，并将其称为“附条件的所有权说”，即信托有效成立后，信托财产从委托人的固有财产中分离出来，成为一项独立运作的财产，仅服务于信托目的，具有独立性。对委托人来说，他丧失了对该信托财产的所有权。对受托人来说，他将信托财产置于自己的实际控制之下，享有占有、使用、处分的所有权权能。对受益人来说，他取得了信托收益的请求权，即信托受益权。维持这种状况的条件是信托存续，信托一旦终止，上述情形就会产生变化，信托财产也丧失独立性，并回归于权利归属人所有。我国《信托法》第54条规定，信托终止的，信托财产归属于信托文件规定的人；信托文件未规定的，按下列顺序确定归属：(1)受益人或者其继承人；(2)委托人或者其继承人。也就是说，信托财产在信托存续期间，其所有权权属是待定的，即所有权的归属附有条件，条件成就时，也就是信托终止时，所有权的归属才告确定。

相较于私益信托，慈善信托属于他益信托，且受益人是不特定的社会公众，慈善信托财产更具特殊性。我国《慈善法》在修订过程中，曾经明确慈善信托财产及其增值属于“慈善财产”，应当根据慈善信托文件的规定全部用于慈善目的，且不得在慈善信托的委托人、与委托人具有利

---

〔1〕 信托法制编撰委员会主编：《信托法制》，台北，财团法人台湾金融研训院2006年版，第47页。

害关系的人、受托人中分配。本书认为这一立法思路非常可取。

(二)慈善信托终止,慈善信托财产的所有权归属

信托终止后,有剩余信托财产的,需要确定信托财产如何归属。

对于私益信托,我国《信托法》第54条规定了以下归属途径:一是信托终止的,信托财产归属于信托文件规定的人;二是信托终止而信托文件对信托财产的归属未作规定的,按受益人或者其继承人、委托人或者其继承人的顺序确定归属。

对于慈善信托,其剩余信托财产的归属要适用"近似原则"。近似原则为英美法系中一项关于使用赈济财物的原则,后为各国信托法采纳,成为适用于慈善信托的惯例之一。其大致内容是:当一个慈善信托成立后,由于种种原因,初始的信托目的无法实现,或信托目的已实现而信托财产尚有剩余时,基于使信托存续以有利于社会公益事业发展,并且尽量与初始慈善目的相一致的原因,将剩余的信托财产用于与设立慈善信托时所具有的慈善目的尽可能相似的另一项慈善目的。

我国《慈善法》未规定"近似原则",因此需要适用《信托法》的规定。我国《信托法》第72条规定,公益信托终止,没有信托财产权利归属人或者信托财产权利归属人是不特定的社会公众的,经公益事业管理机构批准,受托人应当将信托财产用于与原公益目的相近似的目的,或者将信托财产转移给具有近似目的的公益组织或者其他公益信托。对此,《慈善信托管理办法》第43条进一步明确,慈善信托终止,没有信托财产权利归属人或者信托财产权利归属人是不特定的社会公众,经备案的民政部门批准,受托人应当将信托财产用于与原慈善目的相近似的目的,或者将信托财产转移给具有近似目的的其他慈善信托或者慈善组织。

第六章　慈善信托当事人

慈善信托当事人是指与慈善信托有直接利害关系或者权利义务关系的人,他们是实施慈善信托活动的主体,具体包括委托人、受托人、受益人和信托监察人等。

一、委托人

委托人是指拥有一定财产并将该财产委托给受托人,从而导致信托关系产生的人。我国《慈善法》对委托人没有专门的规定,需要适用我国《信托法》的相关规定。

(一)委托人的条件和范围

根据我国《信托法》第 19 条的规定,委托人是具有完全民事行为能力的自然人、法人或者依法成立的其他组织。从这一规定来看,设立信托时,委托人至少应具备以下条件:

1. 具有完全民事行为能力。这是针对自然人作为委托人而言的。按照我国《民法典》第 17

条、第 18 条的规定,年满 18 周岁的自然人为完全民事行为能力人。16 周岁以上不满 18 周岁的自然人,以自己的劳动收入为主要生活来源的,也视为完全民事行为能力人。因此,符合这些条件的人,都可作为委托人。对于设立遗嘱信托的委托人,也应当具备完全民事行为能力。按照我国《民法典》第 1143 条第 1 款的规定,无民事行为能力人或者限制民事行为能力人所立的遗嘱无效。对此,《慈善信托管理办法》第 8 条进一步强调,慈善信托的委托人应当是具有完全民事行为能力的自然人、法人或者依法成立的其他组织。

2. 拥有一定数量的财产。委托人设立信托,应当有确定的合法所有的财产作为信托财产。“信托财产是信托的对象物或信托的客体,也是信托关系得以创立的载体。”[1] 没有一定数量的财产,信托就无从设立。

(二) 委托人的数量

本书第三章已经介绍过,根据委托人的人数,慈善信托可以分为单一慈善信托与集合慈善信托。单一慈善信托只有一个委托人,集合慈善信托的委托人为两人或两人以上。其中,视委托人是否为不特定的社会公众,集合慈善信托又可以分为向特定对象募集善款设立的慈善信托、向社会公众募集善款设立的慈善信托。

如本书第三章所述,慈善信托能否针对不特定的委托人公开募集善款,是一个颇具争议的话题。本书认为,当前相关法律对于慈善信托委托人的人数没有限制性规定,不能认定慈善信托不可以公开募集善款,更不宜将向社会公众募集善款设立慈善信托等同于营业信托的公募业务或者慈善组织的公开募捐。基于慈善信托的本金及其收益均要用于公益目的,且自然人不能担任受托人,本书对慈善信托公开募集善款持赞成态度。《中国银监会办公厅关于鼓励信托公司开展公益信托业务支

---

〔1〕 中国信托业协会编著:《信托基础》(第 2 版),中国金融出版社 2020 年版,第 122 ~ 123 页。

持灾后重建工作的通知》(银监办发〔2008〕93 号)第 4 条规定,信托公司设立公益信托,可以通过媒体等方式公开进行推介宣传。公益信托的委托人可以是自然人、机构或者依法成立的其他组织,其数量及交付信托的金额不受限制。信托公司应当在商业银行开立公益信托财产专户,并可以向社会公布该专户账号。当然,相关管理部门可以对公募慈善信托进行资格管理,或者对受托人实施分类监管,就评级较差的受托人,限制其以公开方式设立慈善信托。

(三)委托人的权利

1. 我国《信托法》第四章第一节规定的委托人权利。主要包括以下 5 项:

(1)《信托法》第 20 条第 1 款规定,委托人有权了解其信托财产的管理运用、处分及收支情况,并有权要求受托人作出说明。

(2)《信托法》第 20 条第 2 款规定,委托人有权查阅、抄录或者复制与其信托财产有关的信托账目以及处理信托事务的其他文件。

(3)《信托法》第 21 条规定,因设立信托时未能预见的特别事由,致使信托财产的管理方法不利于实现信托目的或者不符合受益人的利益时,委托人有权要求受托人调整该信托财产的管理方法。

(4)《信托法》第 22 条规定,当受托人违反信托目的处分信托财产或者因违背管理职责、处理信托事务不当致使信托财产受到损失时,委托人有权申请人民法院撤销该处分行为,并有权要求受托人恢复信托财产的原状或者予以赔偿。

(5)《信托法》第 23 条规定,当受托人违反信托目的处分信托财产或者管理运用、处分信托财产有重大过失时,委托人有权依照信托文件的规定解任受托人,或者申请人民法院解任受托人。

对此,本书评述如下:一是慈善信托的委托人不享有第 5 项权利。根据《慈善法》第 48 条的规定,在受托人违反信托义务或者难以履行职责时,委托人可以变更受托人,但需申请变更备案。二是慈善信托的委托人行使上述第 3 项权利时，需要申请变更备案。三是对于第 4 项权利，慈善信托的委托人可以要求受托人恢复信托财产的原状，但赔偿所得应当归入慈善信托财产。

2. 我国《信托法》其他有关条文规定的委托人权利。主要包括以下 13 项：

（1）《信托法》第 17 条第 2 款规定，对违反《信托法》第 17 条第 1 款规定而强制执行信托财产，委托人有权向人民法院提出异议。

（2）《信托法》第 28 条第 1 款规定，经委托人同意，受托人可以公平的市场价格将其固有财产与信托财产进行交易或者将不同委托人的信托财产进行相互交易。

（3）《信托法》第 31 条第 3 款规定，当共同受托人处理信托事务意见不一致，且信托文件未规定时，委托人有权作出处理决定。

（4）《信托法》第 35 条第 2 款规定，经委托人与受托人、受益人协商一致，可以增减受托人的报酬数额。

（5）《信托法》第 38 条第 1 款规定，设立信托后，经委托人和受益人同意，受托人可以辞任。本法对公益信托的受托人辞任另有规定的，从其规定。也就是《信托法》第 66 条规定的，公益信托的受托人未经公益事业管理机构批准，不得辞任。

（6）《信托法》第 40 条第 1 款规定，受托人职责终止且信托文件未规定的，委托人有权选任新受托人。

（7）《信托法》第 41 条规定，受托人有本法第 39 条第 1 款第 3 项至第 6 项所列情形之一，职责终止的，所作关于处理信托事务的报告经委托人或者受益人认可，原受托人就报告中所列事项解除责任，但原受托人有不正当行为的除外。

（8）《信托法》第 43 条第 2 款规定，委托人可以作为唯一受益人或者共同受益人之一。

（9）《信托法》第 50 条规定，在自益信托中，如信托文件没有特别规定，委托人可以解除信托。

(10)《信托法》第51条规定,设立信托后,有下列情形之一的,委托人可以变更受益人或者处分受益人的信托受益权:①受益人对委托人有重大侵权行为;②受益人对其他共同受益人有重大侵权行为;③经受益人同意;④信托文件规定的其他情形。有前述第1、3、4项所列情形之一的,委托人可以解除信托。

(11)《信托法》第53条第4项规定,经委托人与受托人、受益人协商同意,可以终止信托。

(12)《信托法》第54条规定,信托终止且信托文件未规定权利归属人的,如受益人或者其继承人不存在,委托人可以享有信托财产的归属权。

(13)《信托法》第73条规定,公益信托的委托人在公益事业管理机构违反《信托法》规定时,有权向人民法院起诉。

对此,本书评述如下:一是慈善信托的委托人不宜享有上述第5、7、8、9、10、11、12项权利。二是慈善信托的委托人行使上述第4、6项权利时,需要申请变更备案。三是慈善信托的委托人行使上述第2项权利时,有关交易情况应该向社会公开。

3. 本书对委托人权利的看法

在我国信托立法过程中,对是否需要就委托人特别是委托人的权利作出专门规定,存有一些不同看法。有人认为,从信托收益由受益人而非委托人享有的角度出发,委托人在信托设立之后,如果自己不是受益人之一,即从信托关系中脱离。从严格意义上说,在信托生效后,如果信托文件中未保留权利方面的有关条款,委托人即对信托财产失去了所有权利。如果委托人要享受权利,则须在设立信托时成为受益人之一,而此时委托人的身份已经发生变化,在行使权利的时候,他是以受益人的身份出现的。也有人认为,信托毕竟是由委托人出于一定目的设立的,受托人替委托人管理处分信托财产的行为,也正是为了实现委托人的信托目的,尤其是在大陆法系国家,单一所有权的概念根深蒂固,委托人将财产交付信托后即失去所有权利,让人难以接受。从这一点出发,有些国家承认委托人享有来自法律的极个别的权利，允许委托人在信托文件中为自己保留某些权利。在我国《信托法》起草征求意见过程中，大多数人认为委托人将固有财产交付信托后即失去有关权利，不符合东方人的习惯。因此，我国《信托法》第四章专门设了一节，对委托人的范围和相关权利作了专门规定。

本书认为，我国《信托法》关于委托人权利的相关规定过于宽泛，建议今后修订《信托法》时予以删减，通常情况下，委托人享有的权利，可以通过受益人的身份去实现。需要注意的是，在慈善信托场景下，委托人不可能成为慈善信托的受益人，因此委托人设立慈善信托后，本书倾向于委托人不再享有过多的权利。

二、受托人

受托人是指接受委托人交付的财产，依信托目的为受益人的利益对信托财产进行管理或者处分的人。受托人在信托三方当事人中，处于掌握、管理和处分信托财产的中心位置。

（一）受托人的条件和范围

我国《信托法》第 24 条第 1 款规定，受托人应当是具有完全民事行为能力的自然人、法人。一般情况下，处理一些特殊家庭或者个人的问题，可以选择自然人为受托人；从事较大范围的信托计划，可以选择法人为受托人。

具有完全民事行为能力，是受托人必须具备的最基本条件。简单地说，行为能力即受托能力，其中包括最基本的认识能力、预期能力和判断能力，这是受托人必不可少的，是使信托财产能被有效管理的前提。对慈善信托的受托人来说，应对其设置更加严格的条件和资质限制。我国《信托法》第 24 条第 2 款规定，法律、行政法规对受托人的条件另有规定的，要从其规定。对此，我国《慈善法》第 47 条规定，慈善信托的受托人，可以由委托人确定其信赖的慈善组织或者信托公司担任。

1. 慈善组织。我国《慈善法》第 8 条规定，慈善组织是指依法成立、符合本法规定，以面向社会开展慈善活动为宗旨的非营利性组织。慈善组织可以采取基金会、社会团体、社会服务机构等组织形式。同时，《慈善法》第 9 条规定，慈善组织应当符合下列条件：(1)以开展慈善活动为宗旨；(2)不以营利为目的；(3)有自己的名称和住所；(4)有组织章程；(5)有必要的财产；(6)有符合条件的组织机构和负责人；(7)法律、行政法规规定的其他条件。

2. 信托公司。《信托公司管理办法》（中国银行业监督管理委员会令 2007 年第 2 号）第 2 条第 1 款规定，信托公司是指依照《公司法》和本办法设立的主要经营信托业务的金融机构。同时，《中国银保监会信托公司行政许可事项实施办法》（中国银行保险监督管理委员会令 2020 年第 12 号）[1]第 6 条规定，设立信托公司法人机构应当具备以下条件：(1)有符合《公司法》和银保监会规定的公司章程，股东管理、股东的权利义务等相关内容应按规定纳入信托公司章程；(2)有符合规定条件的出资人，包括境内非金融机构、境内金融机构、域外金融机构和银保监会认可的其他出资人；(3)注册资本为一次性实缴货币资本，最低限额为 3 亿元人民币或等值的可自由兑换货币；(4)有符合任职资格条件的董事、高级管理人员和与其业务相适应的合格的信托从业人员；(5)具有健全的公司治理结构、组织机构、管理制度、风险控制机制和投资者保护机制；(6)具有与业务经营相适应的营业场所、安全防范措施和其他设施；(7)建立了与业务经营和监管要求相适应的信息科技架构，具有支撑业务经营的必要、安全且合规的信息系统，具备保障业务持续运营的技术与措施；(8)银保监会规章规定的其他审慎性条件。

---

〔1〕 2023 年 3 月，中共中央、国务院印发《党和国家机构改革方案》，组建国家金融监督管理总局，不再保留中国银保监会。但该办法现行有效。

本书认为，慈善组织和信托公司可以融合发展：一是慈善组织担任受托人时，可以聘请信托公司担任投资管理人，或者提供投资顾问、财务咨询等服务。二是信托公司担任受托人时，可以由慈善组织担任信托监察人，或者由慈善组织担任慈善项目执行人，提供相关公益服务。三是由慈善组织和信托公司担任共同受托人，双方可取长补短，提高受托人的整体信用度。

（二）受托人的数量

对于受托人的数量，我国《信托法》没有限制性的规定。它既可以是一人，也可以是两人或者两人以上。受托人为一人时，为单一受托人；受托人为两人或者两人以上时，为共同受托人。对此，慈善信托适用我国《信托法》的相关规定。

需要注意的是，当同一慈善信托有两个或者两个以上的受托人时，委托人应当确定其中一个承担主要受托管理责任的受托人为主受托人，并由主受托人按照相关规定申请慈善信托备案。

（三）受托人的产生

我国信托的受托人主要在两种情况下产生：一是信托设立时，委托人根据自己的选择，确定由谁来担任受托人，这是受托人产生的最常见情形。二是信托存续期间，原受托人职责终止时，为了存续信托关系，按照信托文件规定产生或者由委托人、受益人选任产生新受托人。对慈善信托而言，只能适用第一种情形，即由委托人确定其信赖的慈善组织或者信托公司担任。慈善信托存续期间，原受托人职责终止时，委托人可以变更受托人，但需要进行变更备案。

（四）受托人的报酬

各国信托法对受托人报酬的规定基本一致，只是角度不尽相同。英国信托法比较传统，认为任何类型的受托人，非经信托行为规定或者法院批准，不得收取报酬。日本信托法前进了一步，认为营业信托的受托人可以收取报酬，其他类型的受托人收取报酬需要事先约定。美国信托法则完全抛弃了传统信托观念，认为所有受托人都可以收取报酬，而且这种收取无须以信托文件的规定为前提。我国《信托法》第35条规定，受托人有权依照信托文件的约定取得报酬。信托文件未作事先约定的，经信托当事人协商同意，可以作出补充约定；未作事先约定和补充约定的，不得收取报酬。约定的报酬经信托当事人协商同意，可以增减其数额。

本书认为，《信托法》关于受托人可以收取报酬的规定，适用于慈善信托，但补充约定需要申请变更备案。《慈善信托管理办法》第14条第1款第9项规定，慈善信托文件应当载明"信托报酬收取标准和方法"。至于收费标准，《慈善法》第61条第4款规定，慈善信托的管理费用标准，由国务院民政部门会同财政、税务和金融监督管理等部门制定。

（五）受托人职责终止

我国《信托法》第39条第1款规定，受托人有下列情形之一的，其职责终止：(1)死亡或者被依法宣告死亡；(2)被依法宣告为无民事行为能力人或者限制民事行为能力人；(3)被依法撤销或者被宣告破产；(4)依法解散或者法定资格丧失；(5)辞任或者被解任；(6)法律、行政法规规定的其他情形。本书作者认为，第1、2、5项不能作为慈善信托受托人的终止情形。

（六）受托人的权利义务

1. 受托人的权利

我国《信托法》关于受托人的权利，归纳起来，主要包括：

(1)《信托法》第17条第2款规定，对违反《信托法》第17条第1款规定而强制执行信托财产的，受托人有权向人民法院提出异议。

(2)根据《信托法》相关规定，受托人有权管理信托财产、处理信托事务,这是由其义务所派生的一项重要权利。

(3)《信托法》第35条规定,受托人有权依照信托文件的约定收取报酬。信托文件未作事先约定的,经委托人、受托人、受益人协商同意,可以作出补充约定。约定的报酬经委托人、受托人、受益人协商同意,可以增减其数额。同时,《信托法》第36条要求,受托人违反信托目的处分信托财产或者因违背管理职责、处理信托事务不当致使信托财产受到损失的,在未恢复信托财产的原状或者未予赔偿前,不得请求给付报酬。

(4)《信托法》第37条第1款规定,受托人以其固有财产先行支付处理信托事务所支出的费用、对第三人所负债务的,对信托财产享有优先受偿的权利。

(5)《信托法》第43条第3款规定,受托人可以是受益人,但不得是同一信托的唯一受益人。

(6)《信托法》第53条第4项规定,受托人经和委托人、受益人协商同意,可以终止信托。

(7)《信托法》第57条规定,信托终止后,受托人依照《信托法》规定行使请求给付报酬、从信托财产中获得补偿的权利时,可以留置信托财产或者对信托财产的权利归属人提出请求。

(8)《信托法》第73条规定,公益信托的受托人在公益事业管理机构违反《信托法》规定时,有权向人民法院起诉。

对此,本书评述如下:慈善信托的受托人不享有上述第5、6项权利。

2. 受托人的义务

(1)受托人管理信托财产,必须恪尽职守,履行诚实、信用、谨慎、有效管理的义务

我国《信托法》第25条第2款规定,受托人管理信托财产,必须恪尽职守,履行诚实、信用、谨慎、有效管理的义务。一方面,受托人管理信托财产必须恪尽职守。信托成立后,受托人必须对信托财产做详细登记,弄清属于何种类型的信托,研究信托文件的有关条款和注意事项,按规定对信托财产进行管理处分,依法享有权利和承担义务。同时,受托人

应当履行诚实、信用、谨慎、有效管理的义务。诚实信用义务是指受托人在从事信托活动时,应当讲诚实、守信用,以善意的方式履行其职责,不规避法律法规和信托文件的规定。谨慎义务是指受托人在管理信托财产时,应当与管理自己的财产一样小心,达到高度的注意力。有效管理义务是指受托人管理信托财产要有成效,在有多种途径可以实现信托目的时,受托人要选择最快捷、最有效的途径,为受益人的最大利益服务。

对此,《慈善法》第 49 条第 1 款规定,慈善信托的受托人管理和处分信托财产,应当按照信托目的,恪尽职守,履行诚信、谨慎管理的义务。同时,《慈善信托管理办法》第 24 条也进一步强调,受托人管理和处分慈善信托财产,应当按照慈善信托目的,恪尽职守,履行诚信、谨慎管理的义务。

(2)受托人除依法取得报酬外,不得利用信托财产为自己谋取利益

信托成立后,信托财产处于受托人的实际控制之下,受托人的所作所为,一方面直接影响信托目的的实现和受益人的利益,另一方面也可能影响受托人自身的利益。设立信托的一般目的是,通过受托人对信托财产的管理和处分,使受益人获取信托收益,而不是让受托人获得利益。也就是说,不管受托人所图为何,均不能直接或者间接地利用信托财产为自己谋取利益。我国《信托法》第 26 条规定,受托人除依照本法规定取得报酬外,不得利用信托财产为自己谋取利益。受托人违反前款规定,利用信托财产为自己谋取利益的,所获利益归入信托财产。对此,《慈善信托管理办法》第 25 条进一步强调,受托人除依法取得信托报酬外,不得利用慈善信托财产为自己谋取利益。

(3)受托人不得将信托财产转为其固有财产

这一规定是保持信托财产独立性、保护受益人利益的非常重要的一个条款。受托人不能把信托财产转为其固有财产,因为信托财产不是受托人的固有财产。我国《信托法》第 27 条规定,受托人不得将信托财产转为其固有财产。受托人将信托财产转为其固有财产的,必须恢复该信托财产的原状;造成信托财产损失的,应当承担赔偿责任。对此,《慈善

信托管理办法》第 26 条进一步强调，慈善信托财产与受托人固有财产相区别，受托人不得将慈善信托财产转为其固有财产。任何组织和个人不得私分、挪用、截留或者侵占慈善信托财产。

（4）通常情况下，受托人不得将其固有财产与信托财产进行相互交易，或者将不同委托人的信托财产进行相互交易

如果允许受托人将其固有财产与信托财产进行交易，从理论上说，受托人既是交易的买方，又是卖方，同时是交易的双方当事人，容易产生职责与利益冲突。从实践来看，受托人很容易按照不适当的价格购买信托财产，或者将其固有财产出售给信托。同时，如果允许受托人将不同委托人的信托财产进行相互交易，也可能会影响受托人的管理行为，受托人有可能通过交易从中渔利，给受托人的公正地位带来瑕疵。

但是，在一些例外情况下，也不宜完全禁止上述交易。例如，受托人将其固有财产与信托财产进行交易或者将不同委托人的信托财产进行相互交易，有时能够减少交易的有关费用，有利于受益人的利益和信托目的的实现。因此，当信托文件允许受托人进行上述交易时，受托人可以进行交易。信托文件未规定的，受托人也可以在征得委托人或者受益人同意后，进行交易。

当然，受托人在信托文件有规定或者征得委托人、受益人同意的情况下实施的交易行为，也要以实现受益人的最大利益为准则，以公平的市场价格进行交易，而不能随意交易，更不能有损于受益人的利益。对于受托人违反规定，私自将固有财产与信托财产进行交易，或者将不同委托人的信托财产进行相互交易，并造成信托财产损失的，受托人应当承担赔偿责任，赔偿信托财产的损失。

对此，我国《信托法》第 28 条规定，受托人不得将其固有财产与信托财产进行交易或者将不同委托人的信托财产进行相互交易，但信托文件另有规定或者经委托人或者受益人同意，并以公平的市场价格进行交易的除外。受托人违反前款规定，造成信托财产损失的，应当承担赔偿责任。对此，《慈善信托管理办法》第 31 条进一步强调，受托人不得将其固

有财产与慈善信托财产进行交易或者将不同委托人的信托财产进行相互交易，但信托文件另有规定或者经委托人同意，并以公平的市场价格进行交易的除外。同时，该管理办法第 32 条规定，委托人、受托人及其管理人员不得利用其关联关系，损害慈善信托利益和社会公共利益，有关交易情况应当向社会公开。

（5）受托人必须将信托财产与其固有财产、不同委托人的信托财产分别管理、分别记账

为了体现信托财产的独立性，防止受托人利用信托财产为自己谋取利益或者将不同委托人的信托财产进行不公平交易，我国《信托法》第 29 条规定，受托人必须将信托财产与其固有财产分别管理、分别记账，并将不同委托人的信托财产分别管理、分别记账。实务中，对信托资金一般要求开立信托资金专户，对非资金形态的信托财产要进行信托财产登记等。对此，《慈善信托管理办法》第 27 条进一步强调，受托人必须将慈善信托财产与其固有财产分别管理、分别记账，并将不同慈善信托的财产分别管理、分别记账。

（6）受托人应当自己处理信托事务，非依特殊情况不得委托他人代为处理

我国《信托法》第 30 条规定，受托人应当自己处理信托事务，但信托文件另有规定或者有不得已事由的，可以委托他人代为处理。受托人依法将信托事务委托他人代理的，应当对他人代理信托事务的行为承担责任。

对此，《慈善信托管理办法》第 29 条进一步强调，受托人应当自己处理慈善信托事务，但信托文件另有规定或者有不得已事由的，可以委托他人代为处理。受托人依法将慈善信托事务委托他人代理的，应当对他人处理慈善信托事务的行为承担责任。受托人因依法将慈善信托事务委托他人代理而向他人支付的报酬，在其信托报酬中列支。

（7）共同受托人应当共同处理信托事务

共同受托人是指同一信托同时存在两个或者两个以上的受托人。

信托成立后,共同受托人应当为实现同一信托目的而共同努力,受托人未尽忠职守的,应当承担相应的法律责任。为了防止共同受托人之一独断专行,保护其他共同受托人的合法利益,我国《信托法》第 31 条规定,同一信托的受托人有两个以上的,为共同受托人。共同受托人应当共同处理信托事务,但信托文件规定对某些具体事务由受托人分别处理的,从其规定。共同受托人共同处理信托事务,意见不一致时,按信托文件规定处理;信托文件未规定的,由委托人、受益人或者其利害关系人决定。在此基础上,我国《信托法》第 32 条进一步规定了受托人应当承担的两种连带责任,一是针对信托以外的第三人,二是针对信托本身,即"共同受托人处理信托事务对第三人所负债务,应当承担连带清偿责任。第三人对共同受托人之一所作的意思表示,对其他受托人同样有效。共同受托人之一违反信托目的处分信托财产或者因违背管理职责、处理信托事务不当致使信托财产受到损失的,其他受托人应当承担连带赔偿责任"。此外,我国《信托法》第 42 条规定,共同受托人之一职责终止的,信托财产由其他受托人管理和处分。

(8)受托人必须保存处理信托事务的完整记录

受托人处理信托事务过程中的原始凭证和有关单据,是受托人是否依法履职尽责的证据,也是信托当事人发生纠纷时法院断案的依据。因此,为了保护信托当事人的合法利益,受托人应当保存处理信托事务的完整记录,以备查阅。对此,我国《信托法》第 33 条第 1 款规定,受托人必须保存处理信托事务的完整记录。

对于保存期限,《慈善信托管理办法》第 35 条规定,受托人应当妥善保存管理慈善信托事务的全部资料,保存期自信托终止之日起不少于 15 年。

(9)受托人应当每年定期将信托财产的管理运用、处分及收支情况,报告委托人和受益人

为了更好地实现委托人、受益人的相关权利,我国《信托法》第 33 条第 2 款规定,受托人应当每年定期将信托财产的管理运用、处分及收支

情况，报告委托人和受益人。报告的时间和次数，可由信托文件规定或者由信托当事人约定，但每年不得少于一次。报告的方法，可以采用邮寄或者公告等方法，只要委托人和受益人能够通过合法途径获悉即可。在委托人与受益人是同一人的自益信托中，报告委托人或者受益人其中一人即可。在不存在委托人的信托中，报告受益人即可。对于公益信托，受托人应当每年至少一次作出信托事务处理情况及财产状况报告，经信托监察人认可后，报公益事业管理机构核准，并由受托人予以公告。

对于慈善信托，《慈善法》第49条第2款规定，慈善信托的受托人应当根据信托文件和委托人的要求，及时向委托人报告信托事务处理情况、信托财产管理使用情况。慈善信托的受托人应当每年至少一次将信托事务处理情况及财务状况向办理其备案的民政部门报告，并向社会公开。对此，《慈善信托管理办法》第33条进一步强调，受托人应当根据信托文件和委托人的要求，及时向委托人报告慈善信托事务处理情况、信托财产管理使用情况。

(10)受托人对委托人、受益人以及处理信托事务的情况和资料负有依法保密的义务

受托人在管理信托事务的过程中，必然会了解到有关委托人、受益人及处理信托事务的情况和资料，这些情况和资料，涉及委托人和受益人的切身利益，有的还可能是商业秘密和个人隐私。例如，在遗嘱信托中，遗嘱的内容可能会关涉个人隐私和家族秘密，更要求受托人进行保密。

对此，我国《信托法》第33条第3款规定，受托人对委托人、受益人以及处理信托事务的情况和资料负有依法保密的义务。《慈善法》第82条规定，涉及国家秘密、商业秘密、个人隐私的信息以及捐赠人、慈善信托的委托人不同意公开的姓名、名称、住所、通讯方式等信息，不得公开。《慈善信托管理办法》第57条也作出了同样内容的强调。

(11)受托人负有向受益人支付信托利益的义务

受托人向受益人支付信托利益，是受托人的基本义务之一。因此，

受托人应当将管理信托财产所获取的所有收益,按照信托文件规定的形式和方法,支付给受益人。可以认为,向受益人支付信托利益是受托人最基本的义务,只要受托人对受益人是谁没有疑问,就应当履行支付义务。同时,受托人履行支付信托利益的义务,是以信托财产为限承担有限责任的,也就是说,受益人在行使信托受益权时,无权对受托人的固有财产主张权利。因为在信托事务处理过程中,只要受托人恪尽职守,没有违反法律法规和信托文件的规定,对由于信托事务处理所产生的一切权利义务,即使未能取得信托利益或者造成了信托财产损失,受托人也无须以固有财产承担赔偿责任。对此,我国《信托法》第 34 条规定,受托人以信托财产为限向受益人承担支付信托利益的义务。

(12)受托人违背管理职责或者处理信托事务不当对第三人所负债务或者自己所受到的损失,以其固有财产承担

受托人因处理信托事务所支出的费用、对第三人所负债务,通常情况下由信托财产承担。受托人以其固有财产先行支付的,对信托财产享有优先受偿的权利,即受托人在向受益人支付信托利益前,可以先从信托财产中获得补偿。但是,当受托人违背管理职责或者处理信托事务不当,导致对第三人担负债务或者使自己受到损失,由于这是受托人的自身过错造成的,受托人应当以其固有财产承担。

对此,我国《信托法》第 37 条第 2 款规定,受托人违背管理职责或者处理信托事务不当对第三人所负债务或者自己所受到的损失,以其固有财产承担。《慈善信托管理办法》第 36 条进一步强调,受托人违反法律、行政法规和信托文件的规定,造成慈善信托财产损失的,应当以其固有财产承担相应的赔偿责任。

(13)受托人因被依法撤销或者被宣告破产、依法解散或者法定资格丧失、辞任或者被解任,职责终止的,应当作出处理信托事务的报告,并向新受托人办理信托财产和信托事务的移交手续

一般认为,受托人在职责终止前的最后一刻,仍须履行为受益人最大利益服务的义务,维持信托财产的正常状态,以确保其职责终止后,完

整地将信托财产移交给新受托人。信托财产的正常状态，是指信托财产的状态符合一般规律和情况，例如，信托财产为特定物需要保存于特定环境和条件下，没有因为偏离存放的条件而发生任何损耗。同时，从实现信托目的的角度出发，原受托人就信托事务已经处理、正在处理或者尚未处理的有关情况，应当详细地告知新受托人，新受托人有疑问的，原受托人要认真予以回答，以便新受托人全面了解情况，对信托财产继续实行有效的管理和处分。

对此，我国《信托法》第 41 条规定，受托人有本法第 39 条第 1 款第 3 项至第 6 项所列情形之一，职责终止的，应当作出处理信托事务的报告，并向新受托人办理信托财产和信托事务的移交手续。前款报告经委托人或者受益人认可，原受托人就报告中所列事项解除责任。但原受托人有不正当行为的除外。

(14)信托终止的，受托人应当作出处理信托事务的报告

信托终止时，受托人对信托财产的管理和处分即将结束，受托人有义务作出处理信托事务的清算报告，向受益人或者信托财产权利归属人说明情况。清算报告经受益人或者权利归属人确认没有异议的，受托人的责任随之解除，受益人或者权利归属人此后不得再就清算报告所列事项，指控受托人管理信托不当或者有其他损害信托利益的行为。

为保护受益人的权益，法律对免除受托人的责任也作了相应的限制，主要体现在两个方面：一是受托人有不正当行为的，不能免除其责任。这里所说的不正当行为，是指受托人在作出信托事务清算报告的过程中，故意歪曲、虚假陈述其管理信托事务的情况，掩盖自己的不当行为，欺骗受益人和权利归属人。在这些情况下，受托人在清算报告中作了虚假的说明，受益人、权利归属人通常无法知道事实真相，虽然清算报告经他们确认无异议，但他们确认的是虚假的清算报告，受托人不应也不能因此被免除责任。至于受托人在管理信托事务的过程中实施的不正当行为，如违反信托，管理不当，误用、滥用信托财产等，受托人在清算报告中如实说明，经受益人、权利归属人确认的，可以免除受托人对此应

当承担的责任;受益人、权利归属人有异议的,可以采取相应的法律行动。因此,本条所指的不正当行为,虽然包括,但主要不是指受托人管理信托事务的过程中出现的不正当行为。二是受托人未在清算报告列明的事项,不能免除其责任。所谓免除受托人的责任,实际上只限于免除受托人对清算报告中所列事项的责任。受托人未在清算报告中列明的事项,当然不能因此免除。例如,受托人管理信托事务的过程中有不正当行为,但在信托终止时所作的清算报告中又未说明自己的不当行为及其后果的。对此,也不能免除受托人的责任。也就是说,受益人确认清算报告后,仍然可以就未在报告中列明的事项,请求受托人承担相应的法律责任。

对此,我国《信托法》第 58 条规定,信托终止的,受托人应当作出处理信托事务的清算报告。受益人或者信托财产的权利归属人对清算报告无异议的,受托人就清算报告所列事项解除责任。但受托人有不正当行为的除外。

对此,本书评述如下:我国《信托法》规定的受托人的一般义务,慈善信托的受托人均须严格遵守。需要特别强调的是,当受托人履职尽责造成信托财产损失时,由慈善信托财产自担;当受托人履职未尽责造成慈善信托财产损失时,受托人应当以固有财产承担赔偿责任。

三、受益人

受益人是在信托中享有信托受益权的人,属于信托当事人之一。英美法系国家一般称为受益对象,并普遍强调受益人原则,即“信托必须有确定的或者可以确定的受益人,否则信托不能有效成立”[1]。对于慈善信托是否需要符合受益人原则,理论界存有争议。

---

〔1〕 何宝玉:《信托法原理研究》(第 2 版),中国法制出版社 2015 年版,第 225 页。

（一）受益人的范围

通常情况下，受益人由委托人在信托文件中规定产生。我国《信托法》第9条规定，设立信托的书面文件应当载明受益人或者受益人范围。《慈善信托管理办法》第14条也强调，慈善信托文件应当载明受益人范围及选定的程序和方法。此外，如发生受益人的信托受益权被依法转让或者继承的情形，受让人或者继承人成为新受益人。

需要注意的是，从慈善信托的法理来看，慈善信托设立时，受益人并不确定，也就是说没有具体的受益人，明确的只是受益人的范围。也就是说，慈善信托的受益人具有不特定性，具体包含以下两层意思：一是慈善信托具有公益属性，不为某个私益目的而设；二是慈善信托的受益人与委托人、受托人不存在利益上的关联。

（二）受益人的条件

我国《信托法》第43条第1款规定，受益人可以是自然人、法人或者依法成立的其他组织。与委托人相比，受益人由自然人担任时，既可以是具有完全民事行为能力的人，也可以是限制民事行为能力人或者无民事行为能力人。这就意味着，所有自然人都可以成为受益人。

对于胎儿能否成为受益人，域外争论颇多，一般认为胎儿生下来成活后即可成为受益人。依据我国《民法典》的有关规定，自然人从出生时起到死亡时止，具有民事权利能力，并因此享有民事权利，承担民事义务。涉及遗产继承、接受赠与等胎儿利益保护的，胎儿视为具有民事权利能力。但是，胎儿娩出时为死体的，其民事权利能力自始不存在。因此，应当认为我国是允许胎儿作为受益人的，只要胎儿生下来并非死体。

需要注意的是，域外还存在以物或者特定目的等作为受益对象的情形。一是在私益信托中，如委托人设立信托的目的是修缮坟墓，又如遗嘱信托的设立目的是饲养宠物等。二是在公益信托中，受益对象往往是某一公益目的，如保护环境、维护生态平衡等。从《信托法》第六章关于公益信托的有关内容来看,公益信托的受益对象应当不限于人,它既可以用于发展教育、科技、文化、艺术、体育事业,发展医疗卫生事业,也可以用于发展环境保护事业、维护生态环境等。因此,本书建议修订《信托法》时,适当放宽受益人的条件和范围,将“受益人”称为“受益对象”似乎更妥。

(三)受益人的数量

我国《信托法》对受益人的数量未作限定。通常情况下,在同一信托中,受益人可为一人,也可以为两人或者两人以上。受益人仅为一人时,为单一受益人,享有全部信托受益权。受益人为两人或者两人以上时,为共同受益人,各自享有部分信托受益权。对慈善信托而言,虽然其受益人不特定,但实际上按照慈善信托文件产生的受益人,通常为多人,但也不排除只有一人的可能。

(四)受益人与委托人、受托人的关系

关于受益人与委托人的关系,我国《信托法》第 43 条第 2 款规定,委托人可以是受益人,也可以是同一信托的唯一受益人。当委托人是受益人时,其享有全部或者部分信托受益权。但在他益信托中,受益人是委托人以外的第三人。对此,慈善信托属于他益信托,委托人不能成为受益人。

关于受益人与受托人之间的关系。我国《信托法》第 43 条第 3 款规定,受托人可以是受益人,但不得是同一信托的唯一受益人。由于慈善信托具有纯公益性,为了避嫌,受托人一般不可以成为受益人。

对此,我国《慈善法》第 46 条规定,慈善信托的委托人不得指定或者变相指定其利害关系人作为受益人。慈善信托的受托人确定受益人,应当坚持公开、公平、公正的原则,不得指定或者变相指定受托人及其工作人员的利害关系人作为受益人。《慈善信托管理办法》第 10 条也进一步强调,慈善信托的委托人不得指定或者变相指定与委托人或受托人具有

利害关系的人作为受益人。

(五)受益人的权利

1. 我国《信托法》第四章第三节规定的受益人权利,主要包括以下7项:

(1)《信托法》第44条、第46条第1款规定,受益人有权享有或者放弃信托受益权。

(2)《信托法》第49条第1款规定,受益人有权了解信托财产的管理运用、处分及收支情况,并有权要求受托人作出说明。

(3)《信托法》第49条第1款规定,受益人有权查阅、抄录或者复制与其信托财产有关的信托账目以及处理信托事务的其他文件。

(4)《信托法》第49条第1款规定,因设立信托时未能预见的特别事由,致使信托财产的管理方法不利于实现信托目的或者不符合受益人的利益时,受益人有权要求受托人调整信托财产的管理方法。

(5)《信托法》第49条第1款规定,受托人违反信托目的处分信托财产或者因违背管理职责、处理信托事务不当致使信托财产受到损失的,受益人有权申请人民法院撤销该处分行为,并有权要求受托人恢复信托财产的原状或者予以赔偿;该信托财产的受让人明知是违反信托目的而接受该财产的,应当予以返还或者予以赔偿。

(6)《信托法》第49条第1款规定,受托人违反信托目的处分信托财产或者管理运用、处分信托财产有重大过失的,受益人有权依照信托文件的规定解任受托人,或者申请人民法院解任受托人。

(7)受益人行使前述第2项至第6项权利,与委托人意见不一致时,可以申请人民法院作出裁定。

对此,本书评述如下:慈善信托的受益人确定享有第1项权利、不享有第6项权利。至于第2、3、4、5、7项权利,慈善信托的受益人按理享有,但实务中,慈善信托受益人的产生往往具有滞后性,待其确定后一般也不会行使这些权利。

2. 我国《信托法》其他有关条文规定的受益人权利，主要包括以下10项：

(1)《信托法》第17条第2款规定，对违反《信托法》第17条第1款规定而强制执行信托财产的，受益人有权向人民法院提出异议。

(2)《信托法》第28条第1款规定，经受益人同意，受托人可以公平的市场价格将其固有财产与信托财产进行交易或者将不同委托人的信托财产进行相互交易。

(3)《信托法》第31条第3款规定，共同受托人处理信托事务意见不一致且信托文件未规定时，受益人有权作出处理决定。

(4)《信托法》第35条规定，受托人有权依照信托文件的约定收取报酬。信托文件未作事先约定的，经委托人、受托人、受益人协商同意，可以作出补充约定。约定的报酬经委托人、受托人、受益人协商同意，可以增减其数额。

(5)《信托法》第38条第1款规定，设立信托后，经委托人和受益人同意，受托人可以辞任。本法对公益信托的受托人辞任另有规定的，从其规定。此即《信托法》第66条规定的，公益信托的受托人未经公益事业管理机构批准，不得辞任。

(6)《信托法》第40条第1款规定，受托人职责终止的，依照信托文件规定选任新受托人；信托文件未规定的，由委托人选任；委托人不指定或者无能力指定的，受益人有权选任。

(7)《信托法》第41条第2款规定，受托人职责终止后，所作关于处理信托事务的报告经受益人认可，原受托人可就报告中所列事项解除责任，但原受托人有不正当行为的除外。

(8)《信托法》第51条第1款第3项规定，经受益人同意，委托人可以变更受益人或者处分受益人的信托受益权。

(9)《信托法》第54条规定，信托终止且信托文件未规定权利归属人的，受益人是信托财产的第一顺位归属人。

(10)《信托法》第73条规定，公益事业管理机构违反《信托法》规定的，公益信托的受益人有权向人民法院起诉。

对此，本书评述如下：一是慈善信托的受益人不宜享有上述第5项至第9项权利。二是慈善信托的委托人行使上述第4项权利时，需要申请变更备案。三是慈善信托的受益人行使上述第2项权利时，有关交易情况应该向社会公开。

总而言之，如前所述，慈善信托受益人的产生具有滞后性，待其确定后一般不会行使上述相关权利。甚至有学者认为，"慈善信托受益人与一般信托法律关系中受益人的地位是不同的"〔1〕。"慈善信托的受益人，无论以何种形式存在，其在法律上均并无'受益人'的身份。"〔2〕也就是说，"这些人即便享受信托利益，也不能享受信托法授予受益人的各项权利"〔3〕。

四、其他慈善信托当事人

慈善信托涉及的其他当事人，主要包括信托监察人、保管人等。

(一)信托监察人

信托监察人是依照法律法规和慈善信托文件的规定监督受托人管理处分信托事务，维护委托人和受益人合法权益的人。"由于慈善信托的受益人是不特定的社会公众，只有在享受信托利益时才能确定具体的受益人。因此，与一般的私益信托从成立时就有明确的受益人不同，慈善信托在执行过程中，由于受益人范围比较广泛，由广大的受益人直接对受托人的信托活动进行监督难以操作，所以慈善法在慈善信托的制度中设置了信托监察人制度。信托监察人既是受益人利益的代表，又是对

〔1〕 徐孟洲主编：《信托法》，法律出版社2006年版，第212页。
〔2〕 张淳：《信托法原理》，南京大学出版社1994年版，第278页。
〔3〕 张淳：《信托法原理》，南京大学出版社1994年版，第278页。

受托人的信托活动实施监督的人。”〔1〕

1. 信托监察人的设置

我国《信托法》第64条规定，公益信托应当设置信托监察人。信托监察人由信托文件规定。信托文件未规定的，由公益事业管理机构指定。对此，我国《慈善法》第50条第1款作出了相对宽松的规定，即慈善信托的委托人根据需要，可以确定信托监察人。

从上述规定可以看出，不管是《信托法》还是《慈善法》，对信托监察人的规定都比较原则。例如，信托监察人应当具备什么资质和条件，哪些人可以担任，有哪些权利义务等，都缺乏具体的规定。实务中，有关信托监察人的内容和事项，通常在慈善信托文件中约定。

与公益信托应当设置监察人相比，慈善信托未作强制要求，即慈善信托的监察人是选择性设置的，可设可不设。“慈善法在设置监察人的程序上，充分尊重委托人的意愿，慈善信托是否设置监察人完全取决于委托人的意思表示。”〔2〕本书认为，赋予慈善信托委托人设立信托监察人与否的权利，应当有所限制，如仅限于期限较短、规模较小或者结构简单的慈善信托。本书考虑，慈善信托的委托人可能已经死亡或者依法解散、被依法撤销、被宣告破产时，受益人也可能是不特定的社会公众，因此大部分慈善信托应当设置监察人，特别是大额的、享受税收优惠的慈善信托。

2. 信托监察人的职责

我国《信托法》第65条规定，信托监察人有权以自己的名义，为维护受益人的利益，提起诉讼或者实施其他法律行为。

对此，我国《慈善法》第50条第2款规定，信托监察人对受托人的行为进行监督，依法维护委托人和受益人的权益。信托监察人发现受托人

---

〔1〕 阚珂主编：《中华人民共和国慈善法解读》，中国法制出版社2016年版，第151～152页。

〔2〕 李适时、李立国主编：《中华人民共和国慈善法释义》，中国民主法制出版社2016年版，第139页。

违反信托义务或者难以履行职责的，应当向委托人报告，并有权以自己的名义向人民法院提起诉讼。从该规定看，慈善信托的信托监察人的职责主要体现在以下两个方面：

(1)监督受托人，保护委托人和受益人的合法权益。“这可以理解为信托监察人有权对受托人作出的任何与信托有关的行为进行全面监督。比如，有权了解信托财产的管理、处分情况，并要求受托人作出说明；有权查阅、抄录或者复制与信托财产有关的信托账目以及处理信托事务的其他文件；一旦发现受托人有关信托财产报告或者账目存在隐瞒、虚假等情况时，信托监察人有权提出异议。”〔1〕

(2)制衡受托人，确保其按慈善目的行事。信托监察人发现受托人违反信托义务或者难以履行职责时，应当向委托人报告，并有权以自己的名义向人民法院提起诉讼。“信托监察人行使起诉权时是以监察人自己的名义进行，信托监察人是一个独立的法律主体。”〔2〕

本书认为，慈善信托监察人的职责，既是慈善信托监察人的义务，也是其享有的一种权利。

(二)保管人

通常认为，保管人是指负责保管和管理特定物品或财产的人。我国《民法典》第二十一章专门规定了保管合同，其中第 888 条第 1 款规定，“保管合同是保管人保管寄存人交付的保管物，并返还该物的合同”。

1. 关于私益信托的保管人设置

对于私益信托是否设置保管人，我国《信托法》没有强制性规定。实务中，民事信托、营业信托中的单一信托，一般不要求设置保管人，或者说是否设置可由信托当事人自行协商确定。但是，对一些特定的营业信托业务，则必须设置保管人。例如，《信托公司集合资金信托计划管理办

〔1〕 李适时、李立国主编：《中华人民共和国慈善法释义》，中国民主法制出版社 2016 年版，第 139 页。

〔2〕 阚珂主编：《中华人民共和国慈善法解读》，中国法制出版社 2016 年版，第 153 页。

法》第三章专门规定了"信托计划财产的保管",主要包括以下规定:

(1)信托计划的资金实行保管制。《信托公司集合资金信托计划管理办法》第 19 条规定,信托计划存续期间,信托公司应当选择经营稳健的商业银行担任保管人。信托财产的保管账户和信托财产专户应当为同一账户。信托公司依信托计划文件约定需要运用信托资金时,应当向保管人书面提供信托合同复印件及资金用途说明。对非现金类的信托财产,信托当事人可约定实行第三方保管,但中国银行业监督管理委员会另有规定的,从其规定。

(2)订立书面保管协议。《信托公司集合资金信托计划管理办法》第 20 条规定,保管协议至少应包括以下内容:①受托人、保管人的名称、住所;②受托人、保管人的权利义务;③信托计划财产保管的场所、内容、方法、标准;④保管报告内容与格式;⑤保管费用;⑥保管人对信托公司的业务监督与核查;⑦当事人约定的其他内容。

(3)明确保管人职责。《信托公司集合资金信托计划管理办法》第 21 条规定,保管人应当履行以下职责:①安全保管信托财产;②对所保管的不同信托计划分别设置账户,确保信托财产的独立性;③确认与执行信托公司管理运用信托财产的指令,核对信托财产交易记录、资金和财产账目;④记录信托资金划拨情况,保存信托公司的资金用途说明;⑤定期向信托公司出具保管报告;⑥当事人约定的其他职责。此外,该管理办法第 22 条规定,遇有信托公司违反法律法规和信托合同、保管协议操作时,保管人应当立即以书面形式通知信托公司纠正;当出现重大违法违规或者发生严重影响信托财产安全的事件时,保管人应及时报告中国银行业监督管理委员会。

2. 关于慈善信托的保管人设置

对于慈善信托是否应当设置保管人,我国《信托法》《慈善法》均没有相关规定。但是,《慈善信托管理办法》第 28 条规定,对于资金信托,应当委托商业银行担任保管人,并且依法开立慈善信托资金专户;对于非资金信托,当事人可以委托第三方进行保管。

对慈善信托设置保管人，本书认为没有太多必要，特别是规模小、期限短的慈善信托，在商业银行开立慈善信托资金专户即可。

3. 本书建议区别保管人与托管人[1]

近年来，保管、托管在我国被广泛使用，并产生了很多误解和迷茫，非常有必要对两者加以澄清解释。本书认为，保管与托管存在根本区别：

（1）域外投资基金均设置“保管人”，与信托法律关系下的“受托人”无关。域外的投资基金按组织形式不同，可以分为信托型基金、公司型基金和有限合伙型基金。从域外情况看，无论采取哪一种组织形式，均需要设置保管人（又称存管人、代管人等，本书统称保管人）。美国《1940年特殊公司法》第17条（f）项规定，特殊公司（公司型基金）应将证券、投资及现金存放在保管机构，保管机构应为基金指定账户，分别管理，并定期进行检查。英国《2000年受托人法》第17条第1款规定，一项信托的受托人可以任命一个人作为与受托人可以确定的信托财产相关的保管人而行事。我国香港特区《单位信托及互惠基金守则》规定，申请认可的集合投资计划，必须委任证监会接纳的受托人/代管人。需要注意的是，域外的“保管”与信托法律关系下的“受托人”无关。也就是说，保管人不是信托法律关系下的受托人，无须履行受托职责；保管人通常为受托人的委托代理人。

（2）我国《基金法》中的“托管”，与信托法律关系下的“受托人”密切相关。20世纪90年代我国引进信托型基金时，尚未出台《信托法》，无法使用“信托”“受托人”等字眼，鉴于域外受托人和保管人通常由同一人担任的情形，我国创设了“托管人”一词，即在“受托人”与“保管人”中各取一字，简称“托管人”。该“托管人”身兼两职，即同时作为受托人和保管人，并将其职责合二为一，统一赋予“托管人”行使。可以这么说，“托管”是我国所创设的专有词汇。2003年出台的《证券投资基金法》，

---

[1] 蔡概还：《资产管理与财富传承》，中国金融出版社2023年版，第258～260页。

在第三章对基金托管人作出了专门规定,“托管”一词在我国正式得到法律认可。简言之,我国的基金托管人与信托法律关系下的“受托人”密切相关,须依照《证券投资基金法》和基金合同的约定履行受托职责,它与保管的主要区别也就在这里,即托管人=保管人+受托人,或者说保管人=托管人-受托人,托管人比保管人多了一份受托职责。

通过以上分析,我们可以看出托管和保管具有完全不同的法律含义,在实践中应当区别应用。体现在法律法规的有关规定上,保管与托管的主要区别是:托管属于受托保管,托管人属于受托人的一个类型,需要履行受托职责;保管属于委托保管,保管人不属于受托人范畴,无须履行受托职责。简单地说,保管是一种委托代理关系,而托管是一种信托法律关系。

此外,慈善信托当事人可以根据慈善信托运作的实际需要,在慈善信托文件中约定其他参与方,包括但不限于投资管理人、投资顾问、财务咨询顾问、慈善项目执行人等。“在慈善信托中,除了委托人、受托人以及受益人这些信托当事人,考虑到受托人在履职能力上存在差异,也可允许受托人引入项目执行人或执行顾问、投资管理人或投资管理顾问等外部专业机构。”〔1〕

〔1〕中国信托业协会编著:《慈善信托研究》,中国金融出版社2016年版,第87页。

第七章　慈善信托财产的管理处分

受托人管理和处分慈善信托财产，应当遵守慈善信托文件的约定，恪尽职守，履行诚实、信用、谨慎、有效管理的义务，为受益人的最大利益服务。如果受托人已尽职，慈善信托财产发生损失的，由慈善信托财产自担；如果受托人违背管理职责或者处理信托事务不当造成慈善信托财产发生损失，以其固有财产承担赔偿责任。本书认为，受托人要履职尽责，通常须注意以下要求并做好相关工作。

一、受托人内控与治理要求

受托人要针对慈善信托制定发展规划，完善与慈善信托相关的规章制度，促进慈善信托的健康规范发展。

1. 建议受托人设立专门的慈善信托部门，为每一个慈善信托配备专门人员。受托人应当建立慈善信托从业人员的培训、考核评价和激励约束制度，确保从事慈善信托业务的人员具备必要的专业知识、行业经验和管理能力,充分了解相关法律法规以及慈善信托的法律关系、业务结构、主要风险和项目执行等,遵守行为准则和职业道德标准。对此,我国法律法规没有相关的规定。本书作者通过调研认为,设置专门部门、配备专门人员是慈善信托得以发展的重要因素,建议可以比照《信托公司集合资金信托计划管理办法》第 23 条的规定,即"信托公司管理信托计划,应设立为信托计划服务的信托资金运用、信息处理等部门,并指定信托经理及其相关的工作人员。每个信托计划至少配备一名信托经理。担任信托经理的人员,应当符合中国银行业监督管理委员会规定的条件",对慈善信托的受托人提出类似的规范要求。

2. 建议受托人设立合规管理部门。该部门的职责之一是负责慈善信托业务的合规稽核,对慈善信托部门及其人员行为的合规情况进行全程跟踪,协助高级管理层有效识别和管理慈善信托业务的合规风险。例如,我国《慈善信托管理办法》第 34 条规定,慈善信托的受托人应严格按照有关规定管理和处分慈善信托财产,不得借慈善信托名义从事非法集资、洗钱等活动。

3. 建议受托人设立投资管理部门。该部门的职责之一是负责慈善信托财产的运用和对外投资。根据慈善信托业务开展的需要,建立健全对外投资决策与审批系统、投资管理系统等,为受益人的最大利益认真履行受托管理职责。

4. 建议受托人设置单独的信托财务部门。该部门主要负责根据慈善信托文件规定对慈善信托财产进行资金收付、资产估值、收益分配等工作。根据《信托法》《慈善法》《慈善信托管理办法》等法律法规的规定,受托人应当对慈善信托财产履行"分别管理"义务,具体包括:一是必须将慈善信托财产与其固有财产分别管理、分别记账;二是必须将慈善信托财产与信托公司管理的其他信托财产或者慈善组织的慈善财产分别管理、分别记账;三是必须将不同慈善信托的财产分别管理、分别记账。

5. 建议受托人指定专门部门负责慈善信托的信息披露工作。我国

《信托法》《慈善法》《慈善信托管理办法》等法律法规规定了较为严格的慈善信托信息披露要求，宜由专门的内设部门负责，帮助树立慈善信托良好的社会形象。

6. 建议受托人指定专门部门负责慈善信托的资料保管工作。我国《信托法》第 33 条规定，受托人必须保存处理信托事务的完整记录。《慈善信托管理办法》第 35 条规定，受托人应当妥善保存管理慈善信托事务的全部资料，保存期自信托终止之日起不少于 15 年。

此外，建议受托人还可以设置风险管理、内部审计、信息科技等部门，促进慈善信托的健康规范开展。本书作者曾参与某慈善信托委托人选聘受托人的工作，从结果来看，委托人看重的不是某个部门的能力，而是受托人内设部门的分工合作和综合实力。

二、受托人的信义义务要求

从域外情况看，受托人管理处分信托财产需要遵循信义义务（fiduciary duty），为受益对象的最佳利益服务。所谓信义义务，是对受托人为受益对象最佳利益行事的统称，要求受托人管理处分信托财产要和管理自己的财产一样尽心尽力。根据我国《信托法》《慈善法》《慈善信托管理办法》等相关法律法规的规定，慈善信托受托人的信义义务主要包括以下内容。

（一）为受益人的最大利益处理慈善信托事务

我国《信托法》第 25 条第 1 款规定，受托人应当遵守信托文件的规定，为受益人的最大利益处理信托事务。其中，“为受益人的最大利益处理信托事务”是源自英美法系的一种法律用语，原意为最大的勤勉（utmost diligence）或者精确的勤勉尽责（exact diligence），日本称为“以善良管理人的注意处理信托事务”，是对受托人的一种原则性要求。所谓最大利益，是受托人尽心尽力、力所能及地管理信托财产所能带来的最佳效果，它根据受托人素质的不同而存有差异，一般以受托人所处阶层和职业应当普遍达到的效果为基准，至于是否达到了这项标准，当信托当事人之间存在争议时，需要诉诸法院判定或者仲裁裁决。

（二）谨慎管理

我国《信托法》第25条第2款规定，受托人管理信托财产，必须履行谨慎管理的义务。谨慎管理义务是指受托人在管理信托财产时，应当与管理自己的财产一样小心，达到高度的注意力。

司法实践中，法院根据具体情况，针对不同受托人可能采用不同的谨慎标准：

1. 对于普通受托人，特别是由普通公众担任受托人的，适用一般标准，即受托人应当像一个谨慎的商人那样处理信托事务，一个谨慎的商人遇到类似情况时为了自身利益会怎样做，受托人就应当怎样做。

2. 受托人专门经营信托业务的信托机构时，法律对这些专业受托人提出了更高的要求，一方面他们应当具有处理信托事务的专业知识，或者具有某种专业资格；另一方面在处理信托事务过程中，他们的谨慎标准应当是其所处行业从业人员的职业技能和谨慎标准。

3. 信托事务涉及信托财产投资的，受托人应遵循更高的谨慎标准，即一个人为他在道义上负有责任的人进行投资所要求的谨慎程度。[1]

4. 受托人如声称自己具备更高的技能和谨慎标准，则应体现出该技能和标准，即以他声称的技能和谨慎标准来衡量他的作为。

受托人在管理慈善信托财产过程中，应谨慎行事，以合理的方式控制风险，避免投机。对此，《慈善信托管理办法》第24条规定，受托人管理和处分慈善信托财产，应当按照慈善信托目的，恪尽职守，履行诚信、谨慎管理的义务。

---

〔1〕 参见何宝玉：《信托法原理研究》（第2版），中国法制出版社2015年版，第288页。

（三）有效管理

我国《信托法》第 25 条第 2 款规定，受托人管理信托财产，必须履行有效管理的义务。有效管理义务是指受托人管理信托财产要有成效，在有多种途径可以实现信托目的时，受托人要选择最快捷、最有效的途径，为受益人的最大利益服务。

对于有效管理义务的理解，从过程来看，受托人管理信托财产的过程中，如果有多种具体途径或者方法可以实现信托目的，受托人应当选择其中最快捷、最有效的途径或方法；从结果来看，受托人管理信托财产要有成效，不能忙得焦头烂额却收效甚微，甚至离达成委托人的信托目的渐行渐远。泽西岛《信托法》（2014 年修订）第 21 条第 3 款规定，受信托条款的约束，受托人须：（a）合理范围内保留信托财产的价值；（b）合理范围内提高信托财产的价值。

本书认为，慈善信托的受托人应当根据慈善信托文件的约定，切实对慈善信托财产实施有效的管理，即受托人管理处分慈善信托财产，必须是有效率的，能尽快实现慈善目的，为受益人谋取应得的利益。

（四）分别管理

我国《信托法》第 29 条规定，受托人必须将信托财产与其固有财产分别管理、分别记账，并将不同委托人的信托财产分别管理、分别记账。这一规定包含两层意思：一是受托人应当将信托财产与其固有财产分别管理。二是受托人接受两个或者两个以上信托时，应当将不同信托财产分别管理。

分别管理义务是落实信托财产独立性的一项重要原则。对慈善信托财产分别管理，有利于实现慈善信托财产的安全和独立，防止受托人利用慈善信托财产为自己谋取利益或者将不同委托人的慈善信托财产进行不公平交易，保障慈善目的的实现。

对此，《慈善信托管理办法》第 27 条规定，受托人必须将慈善信托财产与其固有财产分别管理、分别记账,并将不同慈善信托的财产分别管理、分别记账。

(五)亲自管理

根据我国《信托法》第30条第1款的规定,受托人应当自己处理慈善信托事务,但信托文件另有规定或者有不得已事由的,可以委托他人代为处理。这一规定包含以下两层含义。

1. 原则上,受托人应当履行亲自管理义务

亲自管理义务,又称主动管理义务,是指受托人应当亲自处理信托事务,不得委托他人代为处理。信托设立之初,委托人指定某个或某些人担任受托人,这本身就包含了一种信任关系,委托人相信该受托人能为其完成心愿、实现信托目的。委托人指定的受托人接受信托后,等于作出了承诺,如果不亲自处理信托事务,而是随意委托他人处理,显然违背了委托人的信任,也有违委托人的初衷。因此,通常情况下,受托人应当履行亲自管理义务。

受托人履行亲自管理义务,在慈善信托财产管理处分中发挥主导性作用,亲自承担投资决策及实施等主要受托职责,收取较高的信托报酬。对主动管理型慈善信托来说,受托人的专业管理能力是至为关键的因素。

2. 在特殊情况下,受托人可以不亲自处理信托事务

我国《信托法》第30条第1款就受托人履行亲自管理义务,规定了两种例外情形:(1)信托文件另有规定,允许受托人委托他人代为处理信托事务的;(2)有不得已事由,受托人确实无力或者无法亲自处理的。不得已事由一般是指受托人不得已而为之,如受托人因病长期住院,受托人必须出差一段时间等。英国信托法规定,受托人出国一个月以上的,可以委托他人代为处理信托事务。

对此,《慈善信托管理办法》第29条第1款规定,受托人应当自己处理慈善信托事务,但信托文件另有规定或者有不得已事由的,可以委托

他人代为处理。据此,就慈善信托财产的管理处分,受托人可以根据慈善信托文件的约定,部分或者全权委托第三方机构开展。此时,受托人在管理慈善信托财产过程中不承担实质职责,仅按照慈善信托文件从事事务性管理。

根据慈善信托文件规定,受托人将慈善信托财产委托给其他机构管理的,建议受托人对其他机构开展尽职调查,实行名单制管理,明确规定委托管理机构的准入标准和程序、责任和义务、存续期管理、利益冲突防范机制、信息披露义务以及退出机制等。建议受托人与委托管理机构明确约定,其接受委托后,应切实履行主动管理职责,不得再进行转委托。

需要注意的是,受托人不因委托其他机构投资管理而免除自身应当承担的责任。根据我国《信托法》第 30 条第 2 款的规定,受托人依法将慈善信托事务委托他人代理的,应当对他人处理慈善信托事务的行为承担责任。《慈善信托管理办法》第 29 条第 2 款规定,受托人依法将慈善信托事务委托他人代理的,应当对他人处理慈善信托事务的行为承担责任。

(六)严格关联交易管理

我国《信托法》第 28 条规定,受托人不得将其固有财产与信托财产进行交易或者将不同委托人的信托财产进行相互交易,但信托文件另有规定或者经委托人或者受益人同意,并以公平的市场价格进行交易的除外。受托人违反前款规定,造成信托财产损失的,应当承担赔偿责任。对此,《慈善信托管理办法》第 31 条亦作出了同样规定,同时,该管理办法第 32 条规定,委托人、受托人及其管理人员不得利用其关联关系,损害慈善信托利益和社会公共利益,有关交易情况应当向社会公开。

(七)充分信息披露

我国《慈善法》第 49 条第 2 款规定,慈善信托的受托人应当根据信托文件和委托人的要求,及时向委托人报告信托事务处理情况、信托财产管理使用情况。慈善信托的受托人应当每年至少一次将信托事务处理情况及财务状况向办理其备案的民政部门报告,并向社会公开。《慈善信托管理办法》第56条规定,受托人应当在民政部门提供的信息平台上,发布以下慈善信息,并对信息的真实性负责:(1)慈善信托设立情况说明;(2)信托事务处理情况报告、财产状况报告;(3)慈善信托变更、终止事由;(4)备案的民政部门要求公开的其他信息。

对此,受托人应当建立健全信息披露管理制度,指定专门部门负责管理信息披露事务。信息披露管理制度包括但不限于以下事项:一是受托人进行信息披露的内容、披露频度、披露方式、披露责任以及披露渠道等事项;二是信息披露管理部门、流程、渠道、应急预案及责任;三是信息披露相关文件、资料的档案管理;四是未按规定披露信息的责任追究机制,对违反规定人员的处理措施等。

受托人应当依照法律法规的规定及慈善信托文件的约定,定期制作慈善信托财产管理报告,按时向委托人披露信息,并保证所披露信息的真实性、准确性和完整性,不得有任何虚假记载、误导性陈述和重大遗漏。如发生法律法规规定或慈善信托文件约定应当临时披露的事项,受托人应当临时向委托人进行披露。

此外,慈善信托文件中宜明确约定信息披露的具体方式,并按约定的方式进行披露。慈善信托文件没有约定的,受托人通常可以采取下列任一方式进行披露:邮寄;传真;电子邮件;在受托人官方网站等官方电子系统上披露;在受托人的办公场所存放备查;其他有效方式。

(八)保守商业秘密

我国《信托法》第33条第3款规定,受托人对委托人、受益人以及处理信托事务的情况和资料负有依法保密的义务。

慈善信托的受托人在接受慈善信托和管理慈善信托财产的过程中,会了解和接触到委托人的很多秘密甚至隐私,特别是家族慈善信托中涉及的隐私更多。这些信息涉及委托人的切身利益,如果受托人不能建立一整套的保密制度让委托人放心,就可能会失去委托人的信任。美国怀俄明州《信托法》(2019 年修订)第 4 - 10 - 205 条款规定了“文件的密封和可取得”,即信托委托人的隐私应在任何与信托相关的司法程序中受到保护。提交的任何诉请文件、信托文件、财产清单,任何受信人保存的报告、被受信人宣誓证实的年度报告、受信人的决算报告以及与信托管理有关的任何诉请文件和法院命令,均应予以密封,并且不得作为司法程序的公开记录的一部分,但应根据法院认为需要时的命令,向法院、委托人、任何受信人、任何适格的受益人、上述主体的律师以及任何其他利害关系人提供。

对此,我国《慈善法》第 82 条规定,涉及国家秘密、商业秘密、个人隐私的信息以及捐赠人、慈善信托的委托人不同意公开的姓名、名称、住所、通讯方式等信息,不得公开。

(九)其他要求

我国《慈善信托管理办法》第四章专门规定了“慈善信托财产的管理和处分”,从该章规定来看,受托人管理处分慈善信托财产,还应当遵守以下规定:

1. 资金型慈善信托应当设置保管人。《慈善信托管理办法》第 28 条规定,对于资金信托,应当委托商业银行担任保管人,并且依法开立慈善信托资金专户;对于非资金信托,当事人可以委托第三方进行保管。

2. 限于低风险资产投资。《慈善信托管理办法》第 30 条规定,慈善信托财产运用应当遵循合法、安全、有效的原则,可以运用于银行存款、政府债券、中央银行票据、金融债券和货币市场基金等低风险资产,但委托人和信托公司另有约定的除外。

三、受托人的受托能力要求

慈善信托成立后,受托人应当依据法律法规规定和慈善信托文件的约定,认真履行受托职责。

(一)受托人须不断提升专业资产管理能力

为了实现慈善信托财产的有效管理,受托人应当具有较强的专业性,即应当具有足够的专业人员,进行专业的投资分析,并在此基础上实施专业的投资管理。这些专业能力,本书统称为资产管理能力,该能力至少应当包括以下 7 个方面。

1. 战略规划能力。科学、清晰的战略规划可以帮助受托人准确定位,保持清醒头脑,实现长效发展。战略规划能力的构建和战略管理体系的完善,需要重点加强三方面的建设:一是战略制定流程机制建设。搭建层次清晰、分工明确的战略管理组织架构,确保发展战略能够科学制定、有效论证和与时俱进。二是战略分解实施能力建设。将战略目标分解为具体的、可执行的战略举措,是战略落地的关键环节,通过执行结果与绩效考核的挂钩,保证其具备真正执行力。三是战略执行管理能力建设。建立有效的执行过程监督和执行结果的分析、考核和评估机制。

2. 人才研发能力。一个优秀的受托人,其核心竞争力离不开优秀的人力资源和人才机制。本书建议,一是完善人才培养机制。制定人才规划和相关规章制度,创造学习深造的机会,加大复合型人才培养力度。二是搭建专业的业务团队。建立专业化的业务团队,包括行业专家、投资专家、并购专家、资产配置专家、国际金融专家、客户关系管理专家、项目执行专家等。三是形成专业的激励约束机制。制定科学的绩效激励考核办法,调动从业人员的主观能动性,主动创业展业。

3. 专业理财能力。受托人需要不断提升在资产搜寻、筛选、评估和运用等方面的专业化水平,形成具备核心竞争优势的专业理财能力。本书建议,一是通过引入新技术、采用新方法、开辟新市场、构建新组织,在战略决策、制度安排、机构设置、人员准备、管理模式、业务流程和产品开发等方面形成专业优势。二是完善资产配置模型。在分析、提炼客户需求的基础上,构建全面覆盖不同资产类别的资产配置模型,测算预期收益和评估风险。三是敏感捕捉价值投资,强化过程管理的专业化,通过高超的管理能力,实现慈善信托财产的保值增值。

4. 风险管理能力。慈善信托的可持续发展有赖于良好的风险控制。受托人在管理处分慈善信托财产过程中,面临信用风险、市场风险、流动性风险、操作风险、声誉风险、法律风险、政策风险等各种各样的风险类型,需要识别、计量、监测和控制这些风险,并通过制定和实施一系列的制度、程序和方法,对风险进行事前防范、事中控制和事后处置。

5. 信息科技能力。当前,全球数字化时代来临,大数据、云计算和人工智能等领域高速成长,数字化转型贯穿产品设计、投资决策、运营管理等多个方面,金融科技成为行业竞争胜负手。

为适应金融科技快速发展的需要,慈善信托的受托人必须要夯实信息技术基础建设。本书建议,一是制定信息技术建设的相关标准。通过规范系统标准、数据标准、接口标准等,形成一整套完整、详细的慈善信托信息化建设指南。二是重视并加大投入。从董事会(理事会)层面加强对信息技术建设的重视,整体规划和构建信息化体系,加大信息技术建设财力及人力的投入。三是逐步实现数字化转型,降低经营成本,降低人为的操作风险。

6. 慈善项目执行能力。受托人应当培育公益慈善的价值理念,了解并遵循公益慈善职业伦理和行业规范,不断总结和提升公益运营经验、慈善项目执行和服务经验,努力实现委托人的慈善目的。一方面,受托人应该深入了解社会问题的本质和根源,确定慈善项目的目标和目的,制订详细的实施计划,加强慈善项目策划和设计;另一方面,受托人应该加强项目管理和监督。项目管理是慈善项目执行的核心环节,受托人应该建立科学的项目管理体系,加强对项目的监督和评估,及时发现和解决项目实施中出现的问题,确保慈善项目按照计划顺利推进。

7. 品牌建设能力。品牌形象是受托人重要的无形资产。本书建议,一是构建品牌管理组织。品牌管理组织是品牌建设的基础,对品牌形象界定、跨媒介合作、跨市场协调等方面能起到积极的作用。二是明确品牌发展战略。根据整体战略规划,有针对性地制定品牌战略,树立受托人良好的社会形象。三是落实品牌发展策略。慈善信托品牌应兼顾整体品牌战略和细分功能定位,使客户直观感受品牌文化的延伸。四是完善舆情管理体系。做好舆情信息的实时监测与有效研判,及时澄清虚假信息或不完整信息。对于重大突发声誉事件,建立应急处置预案和机制。

此外,受托人的履职尽责是由一个个的信托从业人员完成的。信托从业人员的专业素养将会直接影响受托人的履职结果。本书建议,慈善信托的从业人员在履职时应当运用专业的技巧、能力并勤勉工作,确保知悉并了解慈善目的、宗旨及任务,同时确保知悉最新进展并洞悉相关事宜。同时,要重视慈善信托从业人员的职业操守,不要让受托人及其从业人员陷入个人利益与社会利益相冲突的境地。

(二)科学选择慈善信托财产的管理处分方式

1. 对规模小、期限短的慈善信托,以现金管理为主

对于信托财产规模较小的慈善信托,或者信托期限较短的消耗型慈善信托,宜采用现金管理为主的财产管理方式。现金管理投资的最主要目标是保证慈善信托财产的安全性和流动性,满足慈善信托定期或不定期慈善支出的需要;同时获得一定的收益,实现慈善信托财产一定程度的保值增值。

现金管理投资的标的主要是安全性和流动性较高的金融资产,根据《慈善信托管理办法》第30条的规定,主要包括银行存款、政府债券、中央银行票据、金融债券和货币市场基金等低风险资产。

对慈善信托财产开展低风险投资的决策和管理相对简单。慈善信托的受托人无论是慈善组织还是信托公司,都可以运用慈善信托财产开展现金管理。为了保证慈善信托财产现金管理的灵活性,受托人可以将投资决策授权委托给投资管理部门,并做好充分信息披露和履行告知义务。

2. 对信托财产规模较大、信托期限较长的慈善信托，追求保值增资的平衡投资

如果一个慈善信托的财产规模较大、信托期限较长，出于委托人对慈善活动可持续的期望，对信托财产投资收益和风险管理的要求往往高一些。受托人需要通过合理投资和配置获取较为稳定的收益，从而实现慈善活动的可持续。特别是永续型慈善信托，不动用慈善财产本金、只将投资收益用于慈善支出，需要更加平衡的资产配置来实现慈善信托财产的收益和支出目标。

慈善信托财产的资产配置应首先根据委托人意愿和市场环境，确定大类资产配置方案，即首先确定证券、资管产品和其他投资标的等财产的配置比例，在此基础上开展具体的组合投资。在我国现阶段，慈善信托财产的平衡投资建议可以配置于证券、银行理财、信托产品、资管计划、公募基金、私募基金及不动产等投资领域。

平衡投资的决策流程相对复杂，通常需要投资管理部门先制定资产配置方案，提交受托人审议。受托人审议通过资产配置方案后，再由投资管理部门负责实施，并做好投资管理事务的信息披露。

3. 兼顾责任和效益的企业社会责任投资

企业社会责任投资是指企业在商业运作过程中，不仅关注利润最大化，更重视其对社会和环境产生的影响，积极履行社会责任的一种投资方式。企业社会责任投资是一种新兴的投资方式，它是用商业手段解决社会问题的一种积极尝试。企业社会责任投资的目标往往是双重的，一是实现投资回报，二是产生公益效果。根据投资标的特点不同，企业社会责任投资目标有时偏重投资，有时偏重社会公益。例如，以低于市场回报的条件投资贫困地区的小微企业，通过发展特色产业实现贫困群众就业和增收的公益效果，可被认为属于企业社会责任投资。

慈善信托开展企业社会责任投资的性质介于保值增值和慈善支出之间，但一般被认定为投资运作，而不被认定为慈善支出。这是因为，被投资单位是工商注册的企业，而不是非营利性机构。因此，企业社会责

任投资的公益效果不易衡量和评估。

受托人以慈善信托财产开展企业社会责任投资时,要求实行特别的风险管理政策,因为与普通价值投资相比,企业社会责任投资的风险往往更高,如投资于贫困地区的初创企业或小微企业往往比投资于成熟市场企业的不确定性更大。对此,建议尽量明确企业社会责任公益效果的实现方式。实现的公益效果越明显,该笔投资的公益性就越强,利益相关方对投资回报的关注或将越低。同时,建议与监管部门等充分沟通,在满足一定公益效果的基础上,确保在出现投资风险时,结果能够为各方所接受。在这方面,域外有些国家和地区将企业社会责任投资认定为慈善支出,如美国对公益机构符合一定条件的低息或无息贷款资助认定为慈善支出的做法,值得我们借鉴。

(三)重视并做好组合投资

为了在有效控制风险的基础上实现慈善信托财产收益的最大化,本书建议受托人管理处分慈善信托财产时要遵循"组合投资、分散风险"的原则和策略。

为降低投资风险,域外众多国家和地区的法律通常规定信托财产必须以组合投资的方式进行投资运作,体现"鸡蛋不放在一个篮子里"的投资理念。当前,通过组合投资分散风险,得到了世界各国的普遍认可并成为国际通行的做法,也是普通大众公认的投资逻辑。同时,组合投资是决定资金长期收益最重要的因素也得到了机构投资者的一致认可。

所谓组合投资,即通过分散投资实现风险收益的合理配比,从而获取长期稳健收益。例如,我国《证券投资基金法》第 71 条规定,"基金管理人运用基金财产进行证券投资,除国务院证券监督管理机构另有规定外,应当采用资产组合的方式。资产组合的具体方式和投资比例,依照本法和国务院证券监督管理机构的规定在基金合同中约定"。通俗地说,单个投资者资金量小,只能购买一只或者数只股票,行情不好时容易出现亏损,而私募或者公募基金资金规模较大,通常可以同时投资几只、数十只甚至更多的股票,假设其中一半亏了,而另外的一半赚到了钱,这样平均下来,投资基金的总体风险就会大大降低。

域外颇多关于组合投资的成功案例。“以美国著名的公共基金会—耶鲁大学基金会为例,该基金会从20世纪80年代开始运用更灵活的组合投资策略进行投资,在过去30年里,该基金会取得了13.9%的年化复合投资收益率,其2015年年末的资产规模为255.72亿美元,在其资产配置中,国内外股票资产占比为18.6%、私募股权占比为32.5%、房地产占比为14%、大宗商品占比为6.7%、固定收益和现金的占比分别为4.9%和2.8%。”〔1〕又如,“以资产规模最大的慈善信托Welcome Trust为例,其2015年披露的资产组合投资规模为183亿英镑,其中公开市场股票占比48%、对冲基金占比11.8%、私募股权占比23.9%、不动产投资占比12.9%、流动性货币资产占比为3.9%。通过对私募股权、不动产这些长期资产的投资,Welcome Trust获取了比较稳定的长期投资收益”〔2〕。

美国《统一谨慎投资人法》第3条规定:“受托人应当分散信托投资,除非受托人有理由确定在特定的情形下不分散投资反而更有利于实现信托目的。”〔3〕本书认为,组合投资和风险分散原则,是有效管理慈善信托财产的重要方法。慈善信托文件中,宜明确约定投资范围、投资比例、投资限制、投资程序及投资权限,在此基础上,受托人严格按照约定的投资策略进行组合投资。

《慈善信托管理办法》第30条规定,慈善信托财产运用应当遵循合法、安全、有效的原则,可以运用于银行存款、政府债券、中央银行票据、金融债券和货币市场基金等低风险资产,但委托人和信托公司另有约定的除外。这一规定意味着:一是受托人为慈善组织时,只能投资低风险资产。二是受托人为信托公司时,通常限于投资低风险资产。但同时,当委托人和信托公司另有约定时,其投向不限于低风险资产。对此,本

〔1〕 中国信托业协会编著:《慈善信托研究》,中国金融出版社2016年版,第101页。
〔2〕 中国信托业协会编著:《慈善信托研究》,中国金融出版社2016年版,第102页。
〔3〕 姚朝兵:《美国信托法中的谨慎投资人规则研究》,法律出版社2016年版,第162页。

书建议:不管投向是否限于低风险资产,慈善信托财产的运用均要充分利用组合投资、策略性资产配置的原则构建投资组合,使其潜在回报尽可能抵销固有风险。

最后,本书想申明的是,慈善信托文件既可以约定对慈善信托财产实施投资管理以期保值增值,也可以约定不实施投资管理。受托人是否对慈善信托实施投资管理,不宜作为评判一个慈善信托好坏的标准。

第八章　慈善支出与慈善项目实施

人们设立慈善信托的目的是实现特定的慈善意愿。因此,实现委托人的慈善目的是慈善信托运作的重心。实务中,主要通过慈善支出来实现慈善目的,该支出具体包括两种方式:一是直接向受益人交付信托利益;二是组织实施慈善项目,间接使社会公众受益。

一、慈善信托年度支出的标准

(一)《慈善法》关于慈善组织慈善活动年度支出的规定要求

对此,《慈善法》第 61 条第 1 款至第 3 款作出了相关规定。首先,《慈善法》明确了慈善组织慈善活动年度支出的总体原则,即“慈善组织应当积极开展慈善活动,遵循管理费用、募捐成本等最必要原则,厉行节约,减少不必要的开支,充分、高效运用慈善财产。”其次,开展慈善活动是慈善组织设立的宗旨,对慈善组织来说实现慈善目的是其存在的根本目的,应当确保持续地对慈善事业进

行投入。基于此,《慈善法》进一步作出以下具体规定:

1. 具有公开募捐资格的基金会开展慈善活动的年度支出,不得低于上一年总收入的70%或者前三年收入平均数额的70%;年度管理费用不得超过当年总支出的10%;特殊情况下,年度支出和管理费用难以符合前述规定的,应当报告办理其登记的民政部门并向社会公开说明情况。"在计算慈善活动年度支出比例时,《慈善法》为慈善组织提供了两种衡量标准。一是要求具有公开募捐资格的基金会开展慈善活动的年度支出,不得低于上一年总收入的70%;另一衡量标准为具有公开募捐资格的基金会开展慈善活动的年度支出不得低于前三年收入平均数额的70%。两个标准是或者的关系,即慈善组织只需要满足其中一种就算达标。"〔1〕

2. 慈善组织开展慈善活动的年度支出、管理费用和募捐成本的标准由国务院民政部门会同财政、税务等部门制定。

3. 捐赠协议对单项捐赠财产的慈善活动支出和管理费用有约定的,按照其约定。

(二)《慈善法》关于慈善信托年度支出的规定要求

2023年《慈善法》修正前,2016年《慈善法》没有具体规定慈善信托年度支出的具体要求和标准,相关规定仅见《慈善信托管理办法》第14条第6项,即慈善信托文件应当载明年度慈善支出的比例或数额。由此可以看出,我国原有法律法规充分尊重并体现慈善信托当事人的意思自治,慈善信托年度支出主要由慈善信托文件约定。"由于《慈善法》和《信托法》中都没有对慈善信托和公益信托的财产使用以及支出比例进行规范,可以理解为慈善信托在财产使用和支出上尊重委托人的意愿进行。"〔2〕

---

〔1〕 阚珂主编:《中华人民共和国慈善法解读》,中国法制出版社2016年版,第191~192页。

〔2〕 中国信托业协会编著:《慈善信托研究》,中国金融出版社2016年版,第98页。

2023 年《慈善法》修正后，增加了第 61 条第 4 款，即慈善信托的年度支出和管理费用标准，由国务院民政部门会同财政、税务和金融监督管理等部门制定。“在制定的过程中，同样应当体现积极开展慈善活动，充分、高效运用慈善财产，并坚持管理费用最必要原则，厉行节约，减少不必要的开支的原则。”[1] 本书作者认为，慈善信托的年度支出标准，应当有别于慈善组织开展慈善活动的年度支出要求。希望有关部门能够科学制定有关慈善信托的年度支出标准，促进慈善信托的规范长效运作。

二、慈善信托年度支出的原则与建议

慈善信托兼具信托制度的灵活性与慈善制度的公益性，因此制定慈善信托的年度慈善支出标准时，不宜完全参照慈善组织开展慈善活动年度支出的规则对慈善信托提出同等要求，要充分考虑这种综合属性的融合，以及不同规模、不同存续期限、不同目的、不同模式慈善信托的特点。

(一) 体现慈善信托当事人意思自治的原则

信托制度的一大特点是充分尊重当事人意思自治，信托财产的独立性、信托存在的连续性等独特的法律设计都是为了保护和尊重信托当事人追求意志自由的价值取向，进而使慈善信托具有安全、灵活、高效、透明、持久、创新等制度优势，有效满足委托人的个性化慈善需求。因此，我国在制定慈善信托的年度支出标准时，建议充分尊重慈善信托当事人的意思自治。域外普遍强调信托的自治性，对于慈善信托财产的管理与处分，一般未作出强制性要求，更多地委诸委托人的意愿，通过合同、遗嘱、宣言行为等方式订立慈善信托文件，约定年度支出的金额、比例等

---

〔1〕 李适时、李立国主编：《中华人民共和国慈善法释义》，中国民主法制出版社 2016 年版，第 166 页。

事项。

至于有人担忧的慈善信托长期不支出而导致公益资源得不到利用或者财产使用效率不高的问题，建议制定慈善信托年度支出的下限，同时加强信息披露的管理和问责。英国法主要通过强制性、全面性的信息公开等来规范，通过信息公开制度，慈善信托受托人将受到社会各界的严格监督，这也潜在地促使受托人积极运用慈善信托财产去有效实现慈善目的。

本书作者认为，如果未来允许慈善信托以公开方式募集善款设立，在制定慈善信托的年度慈善支出标准时，也可以对单一慈善信托和集合慈善信托进行区别对待。“可以针对不同类型的慈善信托制定差别化的税收政策，如对于公开推广宣传设立的慈善信托，监管机构可对其每年的支出比例作强制性要求，达到方可申请获得抵税资格。”〔1〕

（二）可不动用慈善信托本金的原则

域外普遍允许设立永续型慈善信托，即原则上不动用本金，仅以慈善信托财产的收益开展慈善活动。企业、个人运用慈善信托方式开展慈善活动时，往往更青睐慈善信托可以作出跨越委托人生命周期永续运行的制度安排。我国在制定慈善信托年度支出标准时，也应从鼓励慈善事业可持续发展出发，鼓励这类长期限、永续型慈善信托的实践和探索。

因此，建议允许慈善信托的年度支出可以不动用本金，主要以慈善信托财产的投资收益开展慈善活动。做这样的制度安排，既有利于慈善信托的持续运行，为慈善活动的长期持续开展提供保障，同时也有利于实现家族或者企业慈善精神的代际传承。

（三）设置慈善信托支出下限的原则

域外信托法普遍接受反对永久积累原则（rule against accumulation），

---

〔1〕 中国信托业协会编著：《慈善信托研究》，中国金融出版社 2016 年版，第 196 页。

"即限制信托财产的积累期间,禁止无限期地积累信托收入,否则既阻碍财产的正常流通,也容易积累巨额财富,扩大贫富差距。起初,法律允许受托人将信托收入积累起来而不分配给受益人,但 18 世纪后期英国衡平法院的判例 Thellusson v. Woodford(1799)改变了法律规则。为防止个人财富集中带来的弊端,英国议会通过了《1800 年反对永久积累法》,其主要内容后被纳入《1964 年反对永久所有权和永久积累法》继续有效"[1]。

本书作者认为,慈善信托财产长期积累而不支出不符合慈善目的与宗旨,受托人对慈善信托财产的年度支出应当遵守一定的标准。"慈善活动支出体现慈善组织为了履行慈善宗旨而进行的投入,按照积极、充分、高效的原则,不能低于一定的标准。"[2]例如,明确慈善信托的年度慈善支出不得低于上年投资取得的净收益的 70%,或不得低于上年末净资产的 3%,两者可以任选其一。

同时,建议计算慈善信托年度慈善支出比例时,用前 3 年投资取得收益的平均数代替上年投资取得收益,即用前 3 年年末净资产平均数代替上年年末净资产;慈善支出约定为数额的,可以按照相关比例换算。本书作者认为,有部分慈善信托在设立时,在慈善信托文件中约定以 3 年为一个周期进行支出,如一些资助奖项(如 3 年评一次奖)的慈善信托,针对类似的慈善信托需要进行特殊的考量。因此,随着慈善信托数量的增加,不同时期设立的慈善信托存在差异,参考慈善组织年度支出的相关规定,方便针对不同支出情况、不同设立时间的慈善信托进行统一的、科学的管理。

此外,针对设立后存续尚不足 3 年的慈善信托,建议豁免慈善信托年度慈善支出的比例和数额的相关要求。本书作者认为,设立后存续期限不足 3 年的慈善信托,其年度慈善支出存在以下两种情形时,可以考

---

〔1〕 何宝玉:《信托法原理研究》(第 2 版),中国法制出版社 2015 年版,第 114 页。

〔2〕 李适时、李立国主编:《中华人民共和国慈善法释义》,中国民主法制出版社 2016 年版,第 165 页。

虑豁免年度慈善支出的相关要求:一是慈善信托文件约定的信托期限不超过3年,在慈善信托财产的处理上"用完即止",支出比例远高于前述规定的最低要求;二是慈善信托文件约定的信托期限超过3年,未满3年时尚无法衡量其是否符合前述慈善支出标准。

总之,通过设立年度慈善支出的下限,能够确保慈善信托年度慈善支出达到一定比例,同时也有利于慈善信托的可持续发展。但也有观点认为,统一规定慈善信托年度支出的下限属于"一刀切"的做法,不如将支出情况与税收优惠比例挂钩更具引导性。"从尊重委托人意思自治的角度来说,一个存续二十年的慈善信托,在前十年不进行支出,后十年才支出,这在法律上是允许的。但是在申请免税时,由于税务机关可能会在当期拒绝给予其免税地位,而是需要等到十年后,慈善信托按照约定将财产和收益用于慈善目的支出时才可能允许进行税收抵扣。因此,我们认为将选择权交给委托人,更有利于满足慈善信托多样化的发展需求。"[1]对此,本书作者认为也有一定道理。

三、慈善信托慈善支出的方式

(一)直接向慈善信托受益人交付信托利益

根据信托原理,信托受益权由受益人享有,受托人应当按照信托文件规定向受益人支付信托利益。信托利益,就是指信托财产本身及其收益所产生的利益,包括本金及其孳息。

1.《信托法》关于支付信托利益的相关规定

我国《信托法》第34条规定,受托人以信托财产为限向受益人承担支付信托利益的义务。该条规定包含以下两层意思:

(1)受托人负有向受益人支付信托利益的义务。信托在设立之初,

---

[1] 中国信托业协会编著:《慈善信托研究》,中国金融出版社2016年版,第196页。

信托文件就对受益人或受益人范围作出了规定，受托人管理运用和处分信托财产获取的收益，按规定应当由受益人享有。"向受益人交付信托利益是受托人的最基本义务，各国信托法均赋予受托人向受益人交付信托利益的义务。"[1]

(2)受托人向受益人支付信托利益承担有限责任。受托人向受益人支付完本金及其孳息后，即履行了自己的法定义务，不必牵连自己的固有财产，也不必用其他财产包括委托人的其他财产来支付受益人的信托利益。"受托人因处理信托事务所发生的财产责任(包括对受益人和第三人)，原则上仅以信托财产为限负有限清偿责任。"[2]至于受托人在管理和运用信托财产中所造成的损失，只要受托人履职尽责，没有过错，也只能在信托利益中相应减除，而无须受托人赔偿。

因此，按照传统思路，慈善信托的本金和收益，也应当由受托人按照慈善信托文件的规定向受益人进行交付，只不过慈善信托的受益人是不确定的，需要受托人根据慈善信托文件规定的受益人范围及选定的程序和方法选出。本书作者认为，这应当成为慈善信托的最主要支出方式。

2. 关于慈善信托受益人的产生方式

对此，我国《信托法》《慈善法》没有具体的规定，仅原则性地要求设立慈善信托的书面文件应当载明受益人范围。《慈善信托管理办法》第14条进一步强调，慈善信托文件应当载明受益人范围及选定的程序和方法。

"在信托目的规定范围内，符合条件的任何主体都可能成为该慈善信托的受益人。在社会公众中挑选受益人的事务通常由受托人负责执行，如果信托文件另有规定，也可以依照该规定由其他主体负责执行。例如，诺贝尔基金是一项著名的公益基金信托，在确定其受益人范围的问题上，委托瑞典科学院具体执行，在全球范围内挑选最出色的学者，给

---

[1] 张淳：《信托法原理》，南京大学出版社1994年版，第157页。
[2] 中国信托业协会编著：《信托基础》(第2版)，中国金融出版社2020年版，第10页。

予物质和精神的支持。"[1]又如,"在受益人的选择方面,据芳梅教育慈善信托的备案信息显示,芳梅教育慈善信托会成立决策委员会,根据信托合同约定和目的选定慈善项目和受益人,若出现受益人和委托人利害关系冲突等情形时,受托人享有一票否决的权利。福建省龙岩市教育局官网显示,截至2021年10月底,首届'芳梅教育教学奖'已公示获奖名单,超过700位龙岩市中小学教师获奖。"[2]

3.关于信托利益的支出方式

对此,我国《信托法》《慈善法》没有相关规定。实务中,可采取现金方式、非现金方式或者两者的混合方式等。当前,现金方式是最主要的慈善支出方式。非现金方式也很常见,如食品和饮水、床具和帐篷、药品和设备、电力和照明、书籍和文具等救灾物资。

需要注意的是,慈善组织可以作为受益人,但在慈善组织不是受益人的情形下,受托人将慈善信托财产捐赠给慈善组织,再由慈善组织支付给受益人的做法,有违信托法理,也增加了慈善信托的运营成本。"如果受托人出于故意或者疏忽或者对法律指定的误解或者受欺诈而将信托财产收益与本金交付给了一个不应当收取的人,则通常应当承担责任。"[3]实务中,慈善组织作为委托人设立慈善信托,慈善信托存续期间未动用本金,在慈善信托终止时要求将本金返还,这种将慈善信托当作保值增值工具的做法更不可取。

(二)组织实施慈善项目,间接使社会公众受益

慈善项目,"是指在公益慈善领域形成的,由政府、企业、社会组织或个人等多元主体发起的,目的在于为社会大众或社会中某些特殊群体的利益而实施的项目"[4]。一般来说,每个慈善项目都包含两类基本过

---

〔1〕 徐孟洲主编:《信托法》,法律出版社2006年版,第211页。

〔2〕 陈柯宇:《2亿元的芳梅教育慈善信托是如何运作的?》,载《中国慈善家》2022年第4期。

〔3〕 张淳:《信托法原理》,南京大学出版社1994年版,第157页。

〔4〕 于秀琴、刘永策等编著:《公益慈善项目管理与能力开发》,清华大学出版社2020年版,第7页。

程，一是项目的业务过程，二是项目的管理过程。其中，“业务过程是指生成项目产出物的业务活动，管理过程则是指项目全过程及各个阶段所开展的项目管理活动。虽然不同项目的业务过程会有所不同，但是每个项目和项目阶段都需要有一个完整的项目管理过程”[1]。

1.《慈善法》涉及慈善项目的相关规定

我国《慈善法》涉及慈善项目的规定，主要指向慈善组织和慈善财产。“慈善组织在履行宗旨的过程中，将宗旨分解为具体的任务，在实现具体任务时，为了成功达成任务的一系列目标而实施的活动就构成了慈善项目。慈善项目的实施也是慈善组织使用捐赠财产的过程。”[2]

(1)《慈善法》第57条规定，慈善组织应当合理设计慈善项目，优化实施流程，降低运行成本，提高慈善财产使用效益。慈善组织应当建立项目管理制度，对项目实施情况进行跟踪监督。

(2)《慈善法》第58条规定，慈善项目终止后捐赠财产有剩余的，按照募捐方案或者捐赠协议处理；募捐方案未规定或者捐赠协议未约定的，慈善组织应当将剩余财产用于目的相同或者相近的其他慈善项目，并向社会公开。

(3)《慈善法》第79条第1款规定，具有公开募捐资格的慈善组织应当定期向社会公开其募捐情况和慈善项目实施情况；同时，该条第3款规定，慈善项目实施周期超过6个月的，至少每3个月公开一次项目实施情况，项目结束后3个月内应当全面、详细公开项目实施情况和募得款物使用情况。

(4)《慈善法》第99条规定，经受益人同意，捐赠人对其捐赠的慈善项目可以冠名纪念，法律法规规定需要批准的，从其规定。

此外，《慈善法》第13条还规定，慈善组织应当每年向办理其登记的民政部门报送年度工作报告和财务会计报告。报告应当包括年度开展

[1] 李健主编：《公益慈善项目管理》，西安交通大学出版社2018年版，第12页。
[2] 李适时、李立国主编：《中华人民共和国慈善法释义》，中国民主法制出版社2016年版，第156页。

募捐和接受捐赠、慈善财产的管理使用、慈善项目实施、募捐成本、慈善组织工作人员工资福利以及与域外组织或者个人开展合作等情况。

对于慈善信托的慈善项目,《慈善法》没有直接作出相关规定。本书作者认为可以参照上述规定执行。

本书认为,慈善组织开展慈善募捐特别是公开募捐所募得的款物规模较大,其募得款物用途多样,通常需要通过慈善项目去开展慈善活动,进而实现慈善目的。在大多数情形下,每一个慈善信托本身就是一个慈善项目,一般不需要在慈善信托之下再行建立慈善项目去实现慈善目的。但是,对一些特殊的慈善信托,特别是目的慈善信托,如以环境保护为慈善目的的慈善信托、将慈善信托财产用于设立博物馆免费供社会公众参观的慈善信托等,往往需要通过慈善项目的实施来实现慈善目的,间接使社会公众受益。实务中,目的慈善信托的受益人通常是不确定的,受托人无法完成信托利益的交付,该慈善信托的目的宜通过组织实施慈善项目去实现。当然,有些目的慈善信托的最终受益人也可能是确定的,如教育类慈善信托财产用于建立培训资源包并免费向社会公众开放学习,通过后台可以统计出具体的最终受益人和人数。

2. 慈善项目的设计和实施

(1)建立科学的慈善项目管理制度。项目管理制度是针对项目范畴和特点所建立的规范性要求,它要求慈善信托的受托人针对慈善项目的立项、审查、执行、控制、评估、反馈等各个环节建立科学、规范、有效的要求。“建立的制度要在项目管理的各个环节中体现公平、公正的评价和决策机制,并且要在工作中严格遵守。”[1]

同时,慈善项目的流程要规范化、科学化,尽可能便捷、有效,保障慈善项目及时、顺利地实施,充分保障紧急情况下对慈善信托财产的需求,同时也要防止程序方面出现漏洞,造成慈善信托财产的违规使用。通常

---

〔1〕 李适时、李立国主编:《中华人民共和国慈善法释义》,中国民主法制出版社 2016 年版,第 157 页。

情况下，慈善项目管理流程可按周期分为以下几个阶段：一是慈善项目的设计和立项审批；二是慈善信托财产的交付；三是慈善项目实施与监测；四是慈善项目的效果评估；五是慈善项目的完成。

(2)确定慈善项目。慈善信托设立之前或者之后，慈善信托当事人可以对慈善目的进行分析，开展项目选项、立项和设计，策划具体可行的慈善项目。"慈善项目的设计应当根据社会的实际情况，多为困难群众提供便利。确定慈善项目之前要进行充分的调研和论证，可以通过实地调研、问卷等方式广泛听取公众的意见，以便科学地确定慈善项目，保证慈善资源能够高效的利用。"[1]视慈善信托的委托人是否事先有明确的慈善项目，慈善项目的确定可以分为以下两种情形：

①委托人事先明确了慈善项目。"如果委托人在慈善信托设立之初即与受托人对慈善项目进行了具体明确的约定，那么受托人只需要根据信托合同的约定执行管理慈善信托。"[2]

②委托人未事先明确慈善项目。"如果在慈善信托设立之初，委托人与受托人并没有对慈善项目进行清晰明确的约定，只是指定了一个大致的慈善目的，则受托人须根据委托人的要求安排慈善项目的选项、立项及实施等具体工作。"[3]

(3)实施慈善项目。慈善信托的项目实施，包括项目执行、效果评估等。"通过运用相关的知识、方法、手段和工具，对公益慈善项目涉及的全部工作进行有效的管理，即从公益慈善项目的策划开始到该项目结束的全过程进行组织、招标投标、实施、品牌塑造与传播、评估、风险等管理，以实现公益慈善项目的预期目标。"[4]

①受托人自己实施。慈善信托的受托人包括慈善组织和信托公司。其中，慈善组织具有丰富的慈善项目运作经验，通常自行组织实施；信托

---

〔1〕 阚珂主编：《中华人民共和国慈善法解读》，中国法制出版社 2016 年版，第 180 页。

〔2〕 中国信托业协会编著：《慈善信托研究》，中国金融出版社 2016 年版，第 90 页。

〔3〕 中国信托业协会编著：《慈善信托研究》，中国金融出版社 2016 年版，第 90 页。

〔4〕 于秀琴、刘永策等编著：《公益慈善项目管理与能力开发》，清华大学出版社 2020 年版，第 9 页。

公司则缺乏相关经验和能力,极少自行组织实施。“当然,也有信托公司在慈善项目运作上亲力亲为的案例,例如,在湖南信托设立的‘湘信·善达农村医疗援助公益信托计划’中,湖南信托就直接负责慈善项目的实施。湖南信托与湖南省卫计委成立了专家组,结合各地项目申报,通过实地考察,审议确定援建的乡村卫生院和村卫生室范围。”[1]

②受托人委托第三方实施。如前所述,信托公司缺乏管理慈善项目的经验,通常需要委托慈善项目执行人等第三方实施。实务中,“信托公司大多还是与慈善组织进行合作,由慈善组织担任项目执行人、项目执行顾问,为信托公司开展公益慈善项目提供专业指导”[2]。

当慈善信托的受托人将慈善项目委托第三方实施时,应当对项目实施情况进行跟踪监督。慈善信托的受托人“不能将款项划拨给受益人后就认为完成了使命,而应当建立起对项目实施情况的监督机制,对项目实施全过程监管”[3]。所谓全过程监管,就是要求慈善信托的受托人在慈善项目实施过程中,采取必要的方式对项目的开展情况进行事中、事后监督,如电话回访、实地考察、第三方评估等,从而确保慈善财产真正用于最终受益人。

通过慈善项目实现慈善目的的情形中,慈善支出的具体范围较为广泛,除了拨付给受益人的资金和物资外,通常还包括:“为向受益人提供物资和服务发生的采购费用;开展慈善活动人员的报酬,参加慈善活动的志愿者保险费,交通、午餐补贴,培训等费用;为立项、执行、监督和评估慈善活动发生的差旅费、交通费、通讯费、会议费、培训费、评估费;为宣传、推广慈善活动发生的业务活动招待费、广告费,以及因活动需要购置、租赁或借用房屋、设备所发生的租赁费、折旧费、修理费、办公费、水电费、邮电费、物业管理费等”[4]。

---

[1] 中国信托业协会编著:《慈善信托研究》,中国金融出版社 2016 年版,第 91 页。

[2] 中国信托业协会编著:《慈善信托研究》,中国金融出版社 2016 年版,第 91 页。

[3] 阚珂主编:《中华人民共和国慈善法解读》,中国法制出版社 2016 年版,第 182 页。

[4] 李适时、李立国主编:《中华人民共和国慈善法释义》,中国民主法制出版社 2016 年版,第 164 页。

3. 慈善项目评估

慈善项目评估是指针对某一慈善项目的具体设计、运行、绩效以及影响等方面展开的评估。通常情况下，慈善项目评估包括事前评估、事中评估和事后评估。其中，事前评估是指在慈善项目开展之前所进行的评估，其结果会直接决定该项目是否可以进行下去；事中评估则是指在慈善项目实施过程中进行的评估，该项评估具有承上启下的作用，通过检查前期项目的实施质量对下一步的项目实施提出指导意见；事后评估则是在慈善项目结束之后，根据项目的预设目标以及实际的实施情况之间的比较进行的全面、系统评估。[1]

当前，我国对慈善项目的评估大多为事后评估。慈善项目的事后评估，不仅应当包括项目本身是否达成预期效果，还应当包括项目的可持续性与影响力的评估，其内容主要涵盖项目的完成情况、人力与物力使用情况、问责机制与风险负担、信息公开程度等方面。

慈善项目评估的步骤主要包括：一是确定项目评估人员，至少应该包括项目的实际受益人、服务提供者和观察者三类角色；二是确定评估指标，根据项目合同约定的承诺行动和项目目标进行讨论并确定；三是开展调查活动，访谈和问卷调查是常用的调查方式；四是收集和整理可比数据，保证调查数据的完整性和有效性；五是资料和数据分析，采用定性、定量或者两者相结合的方式进行；六是撰写评估报告，形成书面的项目评估报告；七是沟通和反馈，评估方就评估报告内容与项目方进行沟通，同时向资助方报告评估结果，展示流程及验证报告。[2]

---

〔1〕 参见王名主编：《慈善组织与慈善项目评估标准研究》，中国社会出版社 2017 年版，第 45 ~ 49 页。

〔2〕 参见李健主编：《公益慈善项目管理》，西安交通大学出版社 2018 年版，第 228 ~ 230 页。

第九章　慈善信托的监管与信息公开

慈善信托具有纯公益性,其设立是为了实现特定的慈善目的。为了推动慈善信托的健康规范发展,促进慈善事业的高质量发展,慈善信托需要国家有关部门实施监督管理,并接受社会监督。

一、慈善信托的监管法规

目前,《信托法》《慈善法》《慈善信托管理办法》以及地方性慈善信托管理规定,共同组成了慈善信托的监管法规体系,奠定了慈善信托健康规范发展的制度基础。

(一)《信托法》

我国《信托法》仅调整信托基本法律关系,共七章 74 条:第一章总则;第二章信托的设立;第三章信托财产;第四章信托当事人;第五章信托的变更与终止;第六章公益信托;第七章附则。

1. 总则。主要就立法目的、信托的定义、《信托法》的适用范围、信托机构组织和管理办法的制定、信托活动应当遵循的基本原则等作出了规定。

2. 信托的设立。主要就信托设立的特殊要件,如信托目的、信托财产、设立方式以及信托登记等作出了专门规定,同时对信托的成立时间、无效信托与可撤销信托的情形、遗嘱信托等事项进行了规定。

3. 信托财产。主要就信托财产的定义、信托财产的范围、信托财产与委托人未设立信托的其他财产的关系、信托财产与受托人固有财产的关系、信托财产强制执行的情形,以及信托财产管理中相关债权、债务抵销的原则等作出了规定。

4. 信托当事人。该章共分三节,分别就委托人、受托人和受益人的定义、范围、主体资格、权利义务等作出了规定。

5. 信托的变更与终止。主要就委托人或者其继承人单方面解除信托的条件、委托人变更受益人或处分受益权的情形、信托终止的原则以及终止事由、信托终止后信托财产的归属以及法律后果、信托终止后的清算以及受托人责任的解除等事项进行了规定。

6. 公益信托。主要就公益信托的定义和范围、公益信托成立的特别法律要件、公益信托的信托监察人制度、公益信托的审批及监督管理、公益信托终止时的特别法律后果等事项进行了规定。

7. 附则。主要就《信托法》的施行日期进行了规定。

我国《信托法》自 2001 年 10 月 1 日起施行,该法第六章以专章方式对公益信托作出规定,是慈善信托的一般法。

《慈善法》第 44 条规定,慈善信托属于公益信托。《慈善法》第 51 条规定,慈善信托的设立、信托财产的管理、信托当事人、信托的终止和清算等事项,本章未规定的,适用本法其他有关规定;本法未规定的,适用《信托法》的有关规定。因此,对于慈善信托而言,首先适用《慈善法》第五章关于慈善信托的规定,该章未规定的,适用《慈善法》其他有关规定;《慈善法》未规定的,适用《信托法》第六章关于公益信托的相关规定,该章未规定的,适用《信托法》其他有关规定。

(二)《慈善法》

《慈善法》于 2016 年 3 月 16 日第十二届全国人民代表大会第四次会议审议通过,并于 2023 年 12 月 29 日第十四届全国人民代表大会常务委员会第七次会议修正。《慈善法》旨在发展慈善事业,弘扬慈善文化,规范慈善活动,保护慈善组织、捐赠人、志愿者、受益人等慈善活动参与者的合法权益,促进社会进步,共享发展成果。该法共 13 章 125 条,包括总则、慈善组织、慈善募捐、慈善捐赠、慈善信托、慈善财产、慈善服务、应急慈善、信息公开、促进措施、监督管理、法律责任和附则等章。

《慈善法》是慈善信托的特别法,开展慈善信托首先要遵守《慈善法》的规定。《慈善法》第五章以专章方式明确了慈善信托的概念,并对慈善信托的运行规则作出专门规定,其内容主要包括:

1. 明确了慈善信托的定义。《慈善法》第 44 条规定,慈善信托属于公益信托,是指委托人基于慈善目的,依法将其财产委托给受托人,由受托人按照委托人意愿以受托人名义进行管理和处分,开展慈善活动的行为。

2. 设立慈善信托应当采用书面方式。《慈善法》第 45 条第 1 款规定,设立慈善信托、确定受托人和监察人,应当采取书面形式。

3. 设立慈善信托需要备案。《慈善法》第 45 条第 1 款规定,设立慈善信托,受托人应当在慈善信托文件签订之日起 7 日内,将相关文件向受托人所在地县级以上人民政府民政部门备案。

4. 限定了受托人范围。《慈善法》第 47 条规定,慈善信托的受托人,可以由委托人确定其信赖的慈善组织或者信托公司担任。同时,该法第 48 条规定,慈善信托的受托人违反信托义务或者难以履行职责的,委托人可以变更受托人。变更后的受托人应当自变更之日起 7 日内,将变更情况报原备案的民政部门重新备案。

5. 严格了受益人的产生方法。《慈善法》第 46 条规定,慈善信托的委托人不得指定或者变相指定其利害关系人作为受益人。慈善信托的受托人确定受益人,应当坚持公开、公平、公正的原则,不得指定或者变相指定受托人及其工作人员的利害关系人作为受益人。

6. 可以设置信托监察人。《慈善法》第 50 条第 1 款规定,慈善信托的委托人根据需要,可以确定信托监察人。

7. 重申并强调受托职责。《慈善法》第 49 条第 1 款规定,慈善信托的受托人管理和处分信托财产,应当按照信托目的,恪尽职守,履行诚信、谨慎管理的义务。

8. 强调信息公开要求。《慈善法》第 49 条第 2 款规定,慈善信托的受托人应当根据信托文件和委托人的要求,及时向委托人报告信托事务处理情况、信托财产管理使用情况。慈善信托的受托人应当每年至少一次将信托事务处理情况及财务状况向办理其备案的民政部门报告,并向社会公开。

9. 鼓励慈善信托发展。《慈善法》第 45 条第 2 款明确,未按照前款规定将相关文件报民政部门备案的,不享受税收优惠。同时,该法第 88 条规定,自然人、法人和非法人组织设立慈善信托开展慈善活动的,依法享受税收优惠。

(三)其他相关法规

1.《慈善信托管理办法》。2017 年 7 月 7 日,原银监会、民政部联合印发《慈善信托管理办法》,该管理办法共 9 章 65 条,涵盖了总则、慈善信托的设立、慈善信托的备案、慈善信托财产的管理和处分、慈善信托的变更和终止、促进措施、监督管理和信息公开、法律责任、附则 9 个方面的内容,对慈善信托运行的整个流程作出具体规定。

2. 地方性慈善信托规范性文件。为促进地区慈善事业健康发展,地方民政部门也根据区域特点,制定了一些地方性的慈善信托管理规定(见表 9 - 1)。地方性慈善信托规范性文件的出台,对细化慈善信托备案操作,规范慈善信托监督管理,引导慈善信托活动健康规范发展,发挥了积极作用。

表9-1 部分地方民政部门发布的慈善信托管理制度

序号	制度名称	发布单位	发布时间
1	北京市慈善信托管理办法	北京市民政局	2016年9月21日
2	江苏省慈善信托备案管理暂行实施办法	江苏省民政厅等	2017年10月23日
3	天津市慈善信托管理办法	天津市民政局等	2017年12月22日
4	宁波市慈善信托备案管理办法	宁波市民政局等	2017年3月13日
5	南昌市慈善信托管理办法	南昌市民政局	2017年9月5日
6	广州市慈善信托备案管理指引	广州市民政局	2018年6月20日
7	慈善信托备案办理流程	青岛市民政局	2019年11月15日
8	慈善信托管理工作实施细则	广东省民政厅等	2019年2月21日
9	北京市慈善信托备案与管理指引(试行)	北京市民政局	2020年10月1日
10	关于推动信托公司大力发展慈善信托业务的通知	浙江省民政厅	2021年9月
11	南京市慈善信托备案工作指引	南京市民政局	2022年9月23日
12	杭州市慈善信托工作指引(试行)	杭州市民政局	2023年1月

二、慈善信托的监督管理

我国《慈善法》明确了慈善工作的监督管理部门与职责,该法第6条规定,县级以上人民政府应当统筹、协调、督促和指导有关部门在各自职责范围内做好慈善事业的扶持发展和规范管理工作。国务院民政部门主管全国慈善工作,县级以上地方各级人民政府民政部门主管本行政区域内的慈善工作;县级以上人民政府有关部门依照本法和其他有关法律法规,在各自的职责范围内做好相关工作,加强对慈善活动的监督、管理和服务；慈善组织有业务主管单位的，业务主管单位应当对其进行指导、监督。同时，《慈善法》第 103 条规定，县级以上人民政府民政部门应当依法履行职责，对慈善活动进行监督检查，对慈善行业组织进行指导。

慈善信托作为我国慈善工作的一个方面，对其监督管理也要遵守《慈善法》的上述规定。考虑到慈善信托的受托人可以由信托公司担任的情形，《慈善信托管理办法》第 6 条规定，国务院银行业监督管理机构及其派出机构、国务院民政部门及县级以上地方各级人民政府民政部门根据各自法定职责对慈善信托实施监督管理。在此基础上，该办法第 47 条进一步予以了细化，明确民政部门和银行业监督管理机构的监管职责分工，即银行业监督管理机构负责信托公司慈善信托业务和商业银行慈善信托账户资金保管业务的监督管理工作，县级以上人民政府民政部门负责慈善信托备案和相关监督管理工作。

（一）慈善信托的监管目标和原则

1. 鼓励发展慈善事业。慈善事业是建立在公益慈善基础之上并以援助弱势群体和促进社会公益为己任的社会事业，是当代社会治理结构中十分有益的组成部分。我国一直以来高度重视慈善事业的发展。党的二十大报告指出，要“引导、支持有意愿有能力的企业、社会组织和个人积极参与公益慈善事业”。对此，我国《慈善法》第 5 条规定：“国家鼓励和支持自然人、法人和非法人组织践行社会主义核心价值观，弘扬中华民族传统美德，依法开展慈善活动。”慈善信托是我国慈善事业的一个组成部分，规范发展慈善信托，将有利于我国慈善事业的高质量发展。

2. 规范开展慈善活动。慈善信托在我国是一个新生事物，必须立足我国国情，从实际出发，坚持在发展中规范，在规范中发展。为了加强对慈善信托的管理，需要强化备案、加大信息公开力度，规范慈善信托财产的管理处分，构建行政监管、行业自律和社会监督相结合的监督管理体系，提高受托人的公信力，增强慈善信托的透明度，使慈善信托更健康、更规范地发展。对此，我国《慈善法》第 4 条第 2 款规定，开展慈善活动，应当遵循合法、自愿、诚信、非营利的原则,不得违背社会公德,不得危害国家安全、损害社会公共利益和他人合法权益。

3. 保护慈善信托参与者的合法权益。慈善信托的参与者包括委托人、受托人、受益人、信托监察人等,他们的合法权益受法律保护。对慈善信托实施有效监管,有利于保护慈善信托参与者的合法权益,促进慈善信托的健康规范发展。对此,我国《慈善法》第 1 条开宗明义提到,要保护慈善组织、捐赠人、志愿者、受益人等慈善活动参与者的合法权益。

4. 弘扬慈善文化。善心善行是中华民族的优秀美德和文化传统,中华民族乐善好施、扶贫济困、守望相助等慈善行为有其深厚的文化基础和道德力量。规范发展慈善信托,动员更多的社会力量支持慈善、参与慈善,是对中华民族优秀美德的传承,是对社会主义核心价值观的弘扬。

5. 促进社会进步,共享发展成果。消除贫困、改善民生、逐步实现共同富裕,是社会主义的本质要求。党的二十大报告指出,“坚持以人民为中心的发展思想。维护人民根本利益,增进民生福祉,不断实现发展为了人民、发展依靠人民、发展成果由人民共享,让现代化建设成果更多更公平惠及全体人民。”规范发展慈善信托,有利于更加广泛地汇聚社会资源,满足更多的人对美好生活的向往,助力第三次分配,助力共同富裕。

(二)关于慈善信托的监管措施

对慈善信托的监管,主要包括市场准入监管、非现场监管、现场检查和监管处罚等。

1. 慈善信托受托人的准入监管

(1)慈善组织的市场准入。我国《慈善法》第 10 条规定,设立慈善组织,应当向县级以上人民政府民政部门申请登记,民政部门应当自受理申请之日起 30 日内作出决定。符合本法规定条件的,准予登记并向社会公告;不符合本法规定条件的,不予登记并书面说明理由。已经设立的基金会、社会团体、社会服务机构等非营利性组织,可以向办理其登记的民政部门申请认定为慈善组织,民政部门应当自受理申请之日起 20

日内作出决定。符合慈善组织条件的,予以认定并向社会公告;不符合慈善组织条件的,不予认定并书面说明理由。有特殊情况需要延长登记或者认定期限的,报经国务院民政部门批准,可以适当延长,但延长的期限不得超过60日。

(2)信托公司的市场准入。根据《中国银保监会信托公司行政许可事项实施办法》的相关规定,信托公司设立须经筹建和开业两个阶段。

①筹建阶段。《中国银保监会信托公司行政许可事项实施办法》第12条规定,筹建信托公司,应当由出资比例最大的出资人作为申请人向拟设地银保监局提交申请,由银保监局受理并初步审查、银保监会审查并决定。决定机关自受理之日起4个月内作出批准或不批准的书面决定。同时,该办法第13条规定,信托公司的筹建期为批准决定之日起6个月。未能按期完成筹建的,应当在筹建期限届满前1个月向银保监会和拟设地银保监局提交筹建延期报告。筹建延期不得超过一次,延长期限不得超过3个月。申请人应当在前款规定的期限届满前提交开业申请,逾期未提交的,筹建批准文件失效,由决定机关注销筹建许可。

②开业阶段。《中国银保监会信托公司行政许可事项实施办法》第14条规定,信托公司开业,应当由出资比例最大的出资人作为申请人向拟设地银保监局提交申请,由银保监局受理、审查并决定。银保监局自受理之日起2个月内作出核准或不予核准的书面决定,并抄报银保监会。同时,该办法第15条规定,申请人应当在收到开业核准文件并领取金融许可证后,办理工商登记,领取营业执照。信托公司应当自领取营业执照之日起6个月内开业。不能按期开业的,应当在开业期限届满前1个月向拟设地银保监局提交开业延期报告。开业延期不得超过一次,延长期限不得超过3个月。未在前款规定期限内开业的,开业核准文件失效,由决定机关注销开业许可,发证机关收回金融许可证,并予以公告。

2. 慈善信托的备案监管

我国《慈善法》第45条第1款规定,设立慈善信托,受托人应当在慈善信托文件签订之日起 7 日内,将相关文件向受托人所在地县级以上人民政府民政部门备案。

当慈善信托由信托公司担任受托人时,慈善信托还要进行产品登记。根据《信托登记管理办法》的规定,信托登记由信托公司向中国信托登记有限责任公司提出申请,信托登记信息包括信托产品名称、信托类别、信托目的、信托期限、信托当事人、信托财产、信托利益分配等信托产品及其受益权信息和变动情况。

3. 慈善信托的持续监管

我国《慈善信托管理办法》第 49 条规定,民政部门和银行业监督管理机构根据各自法定管理职责,对慈善信托的受托人应当履行的受托职责、管理慈善信托财产及其收益的情况、履行信息公开和告知义务以及其他与慈善信托相关的活动进行监督检查。有关监督检查措施,主要包括非现场监管和现场检查。

(1)非现场监管。非现场监管是指通过收集慈善信托业务活动和公益项目执行的报表数据、管理处分情况及其他内外部资料等信息,对慈善信托受托人及慈善信托整体发展情况进行分析,作出评价,并采取相应措施的持续性监管过程。

对此,我国《慈善法》第 104 条第 1 款第 2 项至第 5 项规定:"县级以上人民政府民政部门对涉嫌违反本法规定的慈善组织、慈善信托的受托人,有权采取下列措施:……(二)要求慈善组织、慈善信托的受托人作出说明,查阅、复制有关资料;(三)向与慈善活动有关的单位和个人调查与监督管理有关的情况;(四)经本级人民政府批准,可以查询慈善组织的金融账户;(五)法律、行政法规规定的其他措施。"同时,该条第 2、3 款明确,慈善组织、慈善信托的受托人涉嫌违反本法规定的,县级以上人民政府民政部门可以对有关负责人进行约谈,要求其说明情况、提出改进措施。其他慈善活动参与者涉嫌违反本法规定的,县级以上人民政府民政部门可以会同有关部门调查和处理。此外,《慈善信托管理办法》第 51 条规定,民政部门和银行业监督管理机构根据履行职责的需要,可以与受托人的主要负责人和相关人员进行监督管理谈话,要求就受托人的慈善信托活动和风险管理的重大事项作出说明。

(2)现场检查。现场检查是指监管部门对慈善信托受托人进行实地检查,通过查阅受托人经营活动的账表、慈善信托文件和管理报告等各种资料和座谈询问等方法,对慈善信托受托人经营管理情况进行分析、检查、评价和处理,督促受托人合法稳健经营,提高经营管理水平,促进慈善信托的健康规范发展,保护慈善信托参与者合法权益的一种监管方式。

对此,我国《慈善法》第104条第1项规定,对涉嫌违反本法规定的慈善组织、慈善信托的受托人,县级以上人民政府民政部门有权对慈善组织、慈善信托的受托人的住所和慈善活动发生地进行现场检查。在此基础上,《慈善法》第105条进一步规定,县级以上人民政府民政部门对慈善组织、有关单位和个人进行检查或者调查时,检查人员或者调查人员不得少于二人,并应当出示合法证件和检查、调查通知书。

关于现场检查的手段及内容,建议通过信息收集、监管分析、问卷调查、询问调查、查账等方式,检查以下要点:①慈善信托的设立、变更备案是否依法办理;②慈善信托财产的投资运用是否符合慈善信托文件的约定;③慈善信托财产管理处分中是否存在关联交易,如有,是否以公允价格进行交易,是否进行了公开信息披露;④受托管理费的收取是否符合法律法规和慈善信托文件的规定;⑤年度慈善支出是否符合法律法规和慈善信托文件的规定,是否符合慈善目的;⑥委托人或受托人的关联人是否指定了与其具有特定利益关系的人为受益人;⑦慈善目的是否得到有效实现等。此外,还可检查受托人是否依法履行了受托管理职责,如是否开具了信托财产专户,是否将慈善信托财产和固有财产分别管理,是否存在利用慈善信托财产为自己谋取利益的行为,是否妥善保管了慈善信托事务的全部资料,是否真实、完整、及时进行了信息披露,以及是否履行了慈善信托文件中约定的其他职责等。

4. 慈善信托的监管评估

开展慈善信托及其受托人、慈善项目等情况的评估，不仅是慈善信托监管部门对慈善信托实施管理的有效手段，也是委托人、受益人和社会公众监督慈善信托受托人的重要途径。从绩效评估的结果及其应用看，通过客观、高效的绩效评估呈现慈善信托的慈善效果，不仅有助于监管部门根据慈善信托绩效评估情况实施差异化监管、提高监管效率，而且有助于通过“以评促建”的方式进一步提升受托人的慈善信托管理能力，在满足委托人慈善意愿的前提下更好地服务于受益人的需求。此外，慈善信托运行评估有利于持续提升资助慈善项目的透明度，提升社会公信力，促进慈善信托的健康规范发展。

对此，我国《慈善法》第 106 条第 2 款规定，县级以上人民政府民政部门应当建立慈善组织评估制度，鼓励和支持第三方机构对慈善组织的内部治理、财务状况、项目开展情况以及信息公开等进行评估，并向社会公布评估结果。同时，《慈善法》第 76 条第 7 项规定，县级以上人民政府民政部门和其他有关部门应当及时向社会公开对慈善信托开展检查、评估的结果。对此，《慈善信托管理办法》第 50 条也规定，民政部门和银行业监督管理机构根据各自法定管理职责，联合或委托第三方机构对慈善信托的规范管理、慈善目的的实现和慈善信托财产的运用效益等进行评估。

在慈善信托的评估方式上，政府部门既可以自行评估，也可以发挥社会力量，引导第三方机构参与慈善信托运行的研究、追踪、评估工作，分担部分政府压力。

5. 关于慈善信托的监管协作机制

慈善信托的监管涉及多个部门，包括民政部门、银行业监督管理机构、税务机关以及与慈善事业相关的各业务主管单位等。但目前我国慈善信托处于发展初期，各地政府部门、不同业务领域监管部门，甚至各监管部门内部，对慈善信托还存在认识上的差异。慈善信托的健康规范发展，亟须各监管部门统一认识、协作推进。

对此,《慈善信托管理办法》第 48 条规定,民政部门和银行业监督管理机构应当建立经常性的监管协作机制,加强事中、事后监管,切实提高监管有效性。本书建议,由民政部和金融监督管理部门牵头,建立慈善信托统一协作机制,统一监管口径,协调配套政策。此外,还需加强各部门之间的业务交流,打通行业壁垒。

6. 关于慈善信托的监管处罚

我国《慈善法》第十二章专章规定了“法律责任”,涉及慈善信托的条款内容主要包括:

(1)《慈善法》第 110 条第 9 项规定,慈善组织泄露慈善信托的委托人不同意公开的姓名、名称、住所、通讯方式等信息的,由县级以上人民政府民政部门责令限期改正,予以警告,并没收违法所得;逾期不改正的,责令限期停止活动并进行整改。

(2)《慈善法》第 118 条规定,慈善信托的委托人、受托人有下列情形之一的,由县级以上人民政府民政部门责令限期改正,予以警告,并没收违法所得;对直接负责的主管人员和其他直接责任人员处 2 万元以上 20 万元以下罚款:①将信托财产及其收益用于非慈善目的的;②指定或者变相指定委托人、受托人及其工作人员的利害关系人作为受益人的;③未按照规定将信托事务处理情况及财务状况向民政部门报告的;④违反慈善信托的年度支出或者管理费用标准的;⑤未依法履行信息公开义务的。

7. 其他监管措施

(1)我国《慈善法》第 106 条第 1 款规定,县级以上人民政府民政部门应当建立慈善组织及其负责人、慈善信托的受托人信用记录制度,并向社会公布。

(2)我国《慈善法》第 108 条第 1 款规定,任何单位和个人发现慈善组织、慈善信托有违法行为的,可以向县级以上人民政府民政部门、其他有关部门或者慈善行业组织投诉、举报。民政部门、其他有关部门或者慈善行业组织接到投诉、举报后,应当及时调查处理。

(3)我国《慈善法》第 108 条第 2 款规定,国家鼓励公众、媒体对慈善活动进行监督,对假借慈善名义或者假冒慈善组织骗取财产以及慈善组织、慈善信托的违法违规行为予以曝光,发挥舆论和社会监督作用。

为进一步对慈善信托实施有效监管,本书建议制定并出台慈善信托监管指引,明确各地备案民政部门具体的监管职责和流程,统一各地对慈善信托的监管标准,以使慈善信托的监管工作能执行到位,避免监管套利。

(三)关于慈善信托的行业自律

慈善行业的健康发展,需要建立健全行业自律机制,加强慈善行业自律。“慈善组织的健康发展需要完善内部制衡、行业自律、社会监督、政府监督构成的监管体系。其中,行业自律是重要的组成部分。”[1]

对此,我国《慈善法》第 107 条规定,慈善行业组织应当建立健全行业规范,加强行业自律。《慈善信托管理办法》第 53 条规定,行业组织应当加强行业自律,反映行业诉求,推动行业交流,提高慈善信托公信力,促进慈善信托事业发展。

当前,我国慈善信托尚未成立全国统一的行业自律组织。2016 年 11 月 16 日,中国慈善联合会慈善信托委员会在北京成立,它是中国慈善联合会下设的分支机构,由慈善组织、金融机构和律师及专家学者等专业工作者倡议发起、自愿参与,旨在促进慈善信托应用与普及,为社会力量参与慈善事业提供更畅通的途径,推动慈善信托持续健康有序发展。多年来,慈善信托委员会主要致力于搭建多方沟通合作平台,建立慈善信托行业智库,加强慈善信托行业规范建设,引导、推动慈善信托的探索和发展。但该委员会行业自律的地位并没有法律法规的明确授权和直接规定,无法对慈善信托实施全国统一的行业自律。

---

〔1〕 李适时、李立国主编:《中华人民共和国慈善法释义》,中国民主法制出版社 2016 年版,第 248 页。

三、慈善信托的信息公开

信息披露作为克服市场不完全性和信息不对称性的一种有效机制，对提高信托市场运行效率、控制慈善信托管理风险、保护慈善信托当事人的合法权益，具有重要作用。慈善信托的信息公开，贯穿慈善信托的始终。

（一）慈善信托信息公开的原则

我国《慈善法》第77条规定，慈善组织、慈善信托的受托人应当依法履行信息公开义务。信息公开应当真实、完整、及时。

1. 真实性原则。真实性原则是慈善信托信息公开最根本、最重要的原则，它包括以下几个方面的含义：一是真实，公开的信息应当同慈善信托实际状况相一致；二是可靠，对公开的记录和报告，应当做到不偏不倚，力求信息的可靠；三是可验性，即有可靠的依据以复查数据的来源及信息的提供过程。真实性原则要求公开的信息以客观事实为基础，以没有扭曲和不加粉饰的方式反映真实状态。慈善信托的受托人应当以实际发生的事实和数据为依据，真实客观地反映慈善信托的管理处分状况和慈善效果等。

2. 完整性原则。坚持完整性原则，是指信息公开的内容要全面，不得有任何隐瞒或重大遗漏，这是信息公开完整性的重要保证。它要求慈善信托的受托人在公开某一具体信息时，必须对该信息的所有方面进行充分的披露，不仅披露对其有利的正面信息，也要揭示对其不利的相关信息。

3. 及时性原则。及时性原则要求公开披露最新的信息，这要求慈善信托的受托人应在法律、法规、规章及其他规定要求的时限内以指定的方式履行信息公开义务。要求披露的信息及监管部门要求上报的信息都有具体的披露时间要求，信息公开不得超过法定期限。

（二）慈善信托受托人的信息公开要求

1. 向委托人的信息披露。我国《信托法》第33条第2款规定，“受托人应当每年定期将信托财产的管理运用、处分及收支情况，报告委托人和受益人”。基于慈善信托受益人不确定的情形，我国《慈善法》第49条第2款规定，“慈善信托的受托人应当根据信托文件和委托人的要求，及时向委托人报告信托事务处理情况、信托财产管理使用情况……”该规定未把受益人作为报告对象，本书认为是合理的，但向委托人报告亦有不妥之处，因为有些期限长的慈善信托的委托人可能已不存在，规定为“慈善信托的受托人应当根据慈善信托文件要求，及时报告信托事务处理情况、信托财产管理使用情况”较妥。

2. 向受益人的信息披露。我国《慈善法》第81条规定，慈善组织、慈善信托的受托人应当向受益人告知其资助标准、工作流程和工作规范等信息。其意义主要在于，“通过信息告知，受益人可以明确得知应得到多少数额的资助、资助的方式是一次性的还是持续性的，资助是否还需要受益人进行配套支出或后续支出等信息，使受益人明确知晓自己的权益”[1]。

3. 向备案民政部门的报告义务和信息公开义务

（1）每年至少一次公开“信托事务处理情况及财务状况报告”。我国《信托法》第67条第2款规定：“受托人应当至少每年一次作出信托事务处理情况及财产状况报告，经信托监察人认可后，报公益事业管理机构核准，并由受托人予以公告。”对此，我国《慈善法》第49条第2款规定，慈善信托的受托人应当每年至少一次将信托事务处理情况及财务状况向办理其备案的民政部门报告，并向社会公开。更进一步，我国《慈善

---

〔1〕 李适时、李立国主编：《中华人民共和国慈善法释义》，中国民主法制出版社2016年版，第199页。

信托管理办法》第 58 条规定,慈善信托的受托人应当于每年 3 月 31 日前向备案的民政部门报送慈善信托事务处理情况和慈善信托财产状况的年度报告。这意味着慈善信托每年要作一次公开披露,接受社会监督。这有利于强化慈善信托市场约束和社会监管、加强透明度建设,也有利于推广和普及慈善信托,吸引更多的人参与慈善信托活动。

(2)临时信息公开。我国《慈善信托管理办法》第 56 条规定,受托人应当在民政部门提供的信息平台上,发布以下慈善信息,并对信息的真实性负责:①慈善信托设立情况说明;②信托事务处理情况报告、财产状况报告;③慈善信托变更、终止事由;④备案的民政部门要求公开的其他信息。其中,第 1、3、4 项属于需要临时披露的内容,即在受托人变更后,变更后的“受托人应当自变更之日起 7 日内,将变更情况报原备案的民政部门重新备案”;如果发生增加新的委托人,增加信托财产,变更信托受益人范围及选定的程序和方法等情形,慈善信托的受托人应当在变更之日起 7 日内向原备案的民政部门申请备案,并提交发生变更的相关书面材料。当月发生两起或两起以上变更事项的,可以在下月 10 日前一并申请备案。由于备案信息原则上需要向社会公开,因此重新备案也属于受托人履行报告和公告义务的一部分。此外,我国《慈善信托管理办法》第 32 条规定,委托人、受托人及其管理人员不得利用其关联关系,损害慈善信托利益和社会公共利益,有关交易情况应当向社会公开。有关关联交易的信息公开,也属于临时性信息公开。

(3)公告“处理信托事务的清算报告”。我国《信托法》第 58 条规定,信托终止的,受托人应当作出处理信托事务的清算报告。受益人或者信托财产的权利归属人对清算报告无异议的,受托人就清算报告所列事项解除责任。但受托人有不正当行为的除外。对此,《慈善信托管理办法》第 42 条规定,慈善信托终止的,受托人应当在 30 日内作出处理慈善信托事务的清算报告,受托人作出的处理信托事务的清算报告,向备案民政部门报告后,由受托人予以公告。慈善信托若设置信托监察人,清算报告应事先经监察人认可。

(三)监管部门的信息公开

我国《慈善法》第76条列举了民政部门和其他有关部门应当及时向社会公开的慈善信息,具体包括:(1)慈善组织登记事项;(2)慈善信托备案事项;(3)具有公开募捐资格的慈善组织名单;(4)具有出具公益性捐赠税前扣除票据资格的慈善组织名单;(5)对慈善活动的税收优惠、资助补贴等促进措施;(6)向慈善组织购买服务的信息;(7)对慈善组织、慈善信托开展检查、评估的结果;(8)对慈善组织和其他组织以及个人的表彰、处罚结果;(9)法律法规规定应当公开的其他信息。

上述慈善信息中,涉及慈善信托信息的主要是第2、5、7、8、9项。对此,我国《慈善信托管理办法》第55条规定,民政部门和银行业监督管理机构应当及时向社会公开下列慈善信托信息:(1)慈善信托备案事项;(2)慈善信托终止事项;(3)对慈善信托检查、评估的结果;(4)对慈善信托受托人的行政处罚和监管措施的结果;(5)法律法规规定应当公开的其他信息。

(四)信息公开平台

我国《慈善法》第75条规定,国家建立健全慈善信息统计和发布制度。国务院民政部门建立健全统一的慈善信息平台,免费提供慈善信息发布服务。县级以上人民政府民政部门应当在前款规定的平台及时向社会公开慈善信息。慈善组织和慈善信托的受托人应当在本条第2款规定的平台发布慈善信息,并对信息的真实性负责。

当前,我国慈善信托信息公开途径主要包括三大平台,即国家统一慈善信托信息公开平台、各地民政部门网站信息公开专栏和慈善信托受托人自有信息平台。

1. 全国慈善信息公开平台。全国慈善信息公开平台(以下简称慈善中国)于2017年9月4日正式开通,是依据《慈善法》"信息公开"要求而建设的统一信息平台,用于慈善组织、慈善信托受托人等参与主体面向社会公开慈善信息。该平台备案信息的公开较为全面，信息披露主要包括慈善信托备案信息、事务处理及财务状况、检查评估情况、表彰处罚情况、其他事项5部分。其中，慈善信托备案信息又包括初始备案信息、变更备案信息和终止备案信息。目前，民政部门已在该平台上披露全部备案慈善信托的相关信息，要素包括备案编号、信托名称、信托目的、备案时间、期限、备案机关、委托人、受托人、财产总规模等内容。

2. 各地民政部门网站信息公开专栏。大部分民政部门会在自己的网站信息公开专栏公开慈善信托备案情况，内容除了慈善信托的备案信息外，有的还以新闻稿的形式宣传慈善信托设立、运作等有关内容。此外，部分民政部门还在该平台公告慈善信托的年报，以及慈善信托评估、监管和处罚的结果。

3. 慈善信托受托人的自有信息平台。该平台主要用于公告慈善信托的设立情况。信托公司作为受托人的，一般以信托成立公告的方式在官网发布慈善信托设立信息，公告内容主要包括信托名称、信托规模、信托成立日期、信托期限等。还有一些信托公司以新闻形式在官网发布信托成立信息，内容包括当事人、规模、模式、特点介绍等。慈善组织作为受托人的，一般也会在官方网站公告慈善信托设立情况。此外，部分慈善信托的受托人不仅在慈善中国公告慈善信托事务处理情况报告、财产状况报告，也在自身官方网站公开慈善信托事务处理和财产状况。

第十章 慈善信托的促进措施

慈善信托是实现慈善目的的一条重要路径。[1] 纵观境内外慈善事业的发展历程，慈善信托的健康规范发展，离不开国家和政府的鼓励和支持。特别是我国的慈善信托处于起步发展阶段，更需要政府和社会的支持和帮助。

一、《信托法》《慈善法》等法律法规规定的促进措施

发展慈善信托对于保障和改善民生、促进社会和谐、推动社会文明具有重要意义。我国《信托法》第 61 条规定，国家鼓励发展公益信托。慈善信托属于公益信托，因此，国家也鼓励发展慈善信托。对此，我国《慈善法》在总则中明确规定，国家鼓励和支持自然人、法人和非法人组织践行社会主义核心价值观，弘扬中华民族传统美德，依法

---

〔1〕 参见李适时、李立国主编：《中华人民共和国慈善法释义》，中国民主法制出版社 2016 年版，第 130 页。

开展慈善活动。同时,《慈善法》第十章专章规定了促进措施,具体内容包括:

(一)制定促进慈善事业发展的政策和措施

这是县级以上人民政府促进慈善事业发展职责的原则性、总括性规定。国民经济和社会发展计划是指导经济和社会发展的纲领性文件,是政府部门对一定时期内国民经济的主要活动、科学技术、教育事业和社会发展所作的规划和安排。县级以上人民政府应当将慈善事业纳入国民经济和社会发展规划,推动与经济社会同步发展。同时,"县级以上人民政府要将发展慈善事业作为社会建设的重要内容,要根据经济社会发展情况,根据慈善事业发展的需要,与时俱进,制定慈善法未涉及的或者新的政策和措施,不断完善慈善事业健康发展的法规政策体系"[1]。慈善信托属于我国慈善事业的一个组成部分,自当包含在其中。

(二)向慈善组织、慈善信托受托人等提供慈善需求信息

该款规定的主要目的是便于慈善资源的供需对接,比如,对于接受社会救助后仍需要帮扶的救助对象,民政部门要及时向慈善组织、慈善信托的受托人等提供其慈善需求信息,帮助救助对象获得慈善帮扶,实现政府救助与社会帮扶有机结合,做到因情施救、各有侧重、互相补充。

(三)建立慈善信息共享机制

慈善信息是开展慈善活动、进行慈善事业监管过程中获取的信息。"除民政部门之外,财政、税务、金融、海关、教育、住房城乡建设、人力资源和社会保障、文化、科技、环境保护、审计等部门,也会在各自职责范围内获取一定的慈善信托信息"[2],相互之间需要建立信息共享机制。就

---

〔1〕 阚珂主编:《中华人民共和国慈善法解读》,中国法制出版社 2016 年版,第 248 页。

〔2〕 李适时、李立国主编:《中华人民共和国慈善法释义》,中国民主法制出版社 2016 年版,第 207 页。

慈善信托,民政部门应当就如下事项加强与有关部门的信息共享:慈善信托的备案管理、慈善信托税收优惠、慈善信托表彰,以及慈善信托开展检查、评估的结果等。

(四)鼓励、引导、支持有意愿、有能力的自然人、法人和非法人组织积极参与慈善事业

除了给予税收优惠外,国家从多方面鼓励、引导、支持有意愿有能力的自然人、法人和非法人组织积极参与慈善事业,包括但不限于:一是《慈善法》第 92 条规定,国家对开展扶贫济困、参与重大突发事件应对、参与重大国家战略的慈善活动,实行特殊的优惠政策。二是《慈善法》第 96 条规定,国家鼓励有条件的地方设立社区慈善组织,加强社区志愿者队伍建设,发展社区慈善事业。三是《慈善法》第 98 条规定,国家鼓励企业事业单位和其他组织为开展慈善活动提供场所和其他便利条件。四是《慈善法》第 99 条规定,经受益人同意,捐赠人对其捐赠的慈善项目可以冠名纪念,法律法规规定需要批准的,从其规定。此外,《慈善法》第 101 条规定,县级以上人民政府民政等有关部门将慈善捐赠、志愿服务记录等信息纳入相关主体信用记录,健全信用激励制度。

(五)可以依法申请慈善活动需要的慈善服务设施用地

在一些领域所进行的慈善活动需要相应的设施和场地支持,但其成本往往超出慈善组织的承受范围甚至是无力承担,从而可能导致因缺乏必要设施用地而难以持续地运作慈善活动。因此,《慈善法》规定了该条促进措施。享受该条支持政策,需要注意以下两点:一是仅适用于慈善组织开展《慈善法》第 3 条第 1、2 项规定的慈善活动,即(1)扶贫、济困;(2)扶老、救孤、恤病、助残、优抚。二是服务设施用地非经法定程序不得改变用途,以保障慈善服务设施用地的公益性质。

(六)为慈善事业提供金融政策支持

这是一条金融支持慈善事业的原则性规定。实务中,慈善组织和慈

善信托对开立账户、投资管理、受托支付等均具有很大需求，需要金融机构根据慈善组织、慈善信托的特点，积极探索金融支持慈善事业发展的新政策、新渠道，创新金融产品和服务方式。

（七）支持符合条件的慈善组织向社会提供服务

这是创新公共服务提供方式、加快服务业发展、促进慈善事业发展的重要途径。慈善组织通过承接政府购买服务，也可以增加其收入来源，实现组织发展，提高服务水平。“随着我国慈善事业的发展，慈善组织将成为社会服务的重要提供主体。”[1]在此基础上，2023 年修正的《慈善法》第 95 条增加了一款规定，即国家鼓励在慈善领域应用现代信息技术；鼓励社会力量通过公益创投、孵化培育、人员培训、项目指导等方式，为慈善组织提供资金支持和能力建设服务。

（八）采取措施弘扬慈善文化

“大力弘扬慈善文化，是弘扬中华民族传统美德、培育和践行社会主义核心价值观的内在要求，也是增强公民慈善意识、培育慈善氛围的重要举措，有利于引导全社会认识慈善、支持慈善、参与慈善。”[2]对此，我国《慈善法》进一步要求，一方面，学校等教育机构应当将慈善文化纳入教育教学内容。国家鼓励高等学校培养慈善专业人才，支持高等学校和科研机构开展慈善理论研究。另一方面，广播、电视、报刊、互联网等媒体应当积极开展慈善公益宣传活动，普及慈善知识，传播慈善文化。

（九）建立慈善表彰制度

对在慈善事业发展中作出突出贡献的自然人、法人和非法人组织，由县级以上人民政府或者有关部门予以表彰。“建立慈善表彰制度，是

---

〔1〕 阚珂主编：《中华人民共和国慈善法解读》，中国法制出版社 2016 年版，第 277 页。

〔2〕 阚珂主编：《中华人民共和国慈善法解读》，中国法制出版社 2016 年版，第 283 页。

吸引鼓励社会各界参与慈善事业的重要手段,是引导慈善行为、提升慈善效果的重要途径。"[1]例如,民政部于 2005 年设立了"中华慈善奖",全国部分省(区、市)和市(县、区)也陆续开展了针对慈善事业的评选表彰活动。2016 年以来,"2016 年国投慈善 1 号慈善信托""光大信托 · 定点扶贫系列慈善信托""顺德社区慈善信托""五矿信托三江源系列慈善信托""中信信托 · 2021 芳梅教育慈善信托"等,相继获得了"中华慈善奖"。

(十)鼓励开展慈善国际交流与合作

鼓励开展慈善国际交流,发挥慈善在响应"一带一路"倡议、参与构建人类命运共同体中的积极作用。其中,慈善组织接受域外慈善捐赠、与域外组织或者个人合作开展慈善活动的,根据国家有关规定履行批准、备案程序。

此外,我国《信托法》《慈善法》等法律法规还作出了慈善信托的税收优惠规定,下文将重点介绍。

二、关于慈善信托的税收优惠

慈善信托的目的是使社会公众受益,发展慈善信托有利于发展社会公益事业,改善和提高社会中需要帮助的一部分人的物质和文化生活水平。在一定意义上说,慈善信托客观上履行了政府的一些社会职能。因此,各国都鼓励发展慈善信托,并制定相应的优惠政策,其中最重要的一项优惠措施,是对慈善信托实行优惠的税收政策。

---

〔1〕 李适时、李立国主编:《中华人民共和国慈善法释义》,中国民主法制出版社 2016 年版,第 236 页。

（一）关于慈善信托的税收优惠规定

2016 年实施的《慈善法》第 45 条第 2 款规定，未按照前款规定将相关文件报民政部门备案的，不享受税收优惠。“以慈善信托方式开展慈善活动，将相关文件进行备案是享受税收优惠的前提。如果未按规定将相关文件报民政部门备案，民政部门等无法有效了解慈善信托的设立和运作情况，慈善信托活动不能享受税收优惠。”[1]

虽然上述条款没有直接对慈善信托的税收优惠作出明确的规定，但可以这样理解，经民政部门备案的慈善信托，依法享受税收优惠。至于享受何种税收优惠，则有待相关法律法规进一步明确。令人遗憾的是，到目前为止并没有法律法规就慈善信托的税收优惠作出进一步的规定。“慈善信托在报民政部门备案、取得备案回执后，还需要满足哪些条件才可以享受税收优惠；在满足税收优惠条件后，具体在哪个环节享受税收优惠、享受哪些税收优惠；以及申请税收优惠时如何操作等有关操作指引细则尚未出台。”[2] 由于没有明确规定，导致慈善信托在实际中并不能直接享有任何税收优惠。

2023 年修正的《慈善法》前进了一大步，针对慈善信托的税收优惠规定作出了进一步的规定：一是总体上明确国家对慈善事业实施税收优惠政策。《慈善法》第 85 条第 2 款规定，国家对慈善事业实施税收优惠政策，具体办法由国务院财政、税务部门会同民政部门依照税收法律、行政法规的规定制定。二是明确委托人设立慈善信托享受税收优惠。《慈善法》第 88 条规定，自然人、法人和非法人组织设立慈善信托开展慈善活动的，依法享受税收优惠。但这些规定只是进一步强调了慈善信托应当享有税收优惠，正如《慈善法》第 85 条第 2 款的规定所言，具体办法仍然有待国务院有关部门依照税收法律、行政法规的规定制定。

---

〔1〕 阚珂主编：《中华人民共和国慈善法解读》，中国法制出版社 2016 年版，第 146 页。

〔2〕 中国慈善联合会慈善信托委员会编：《中国慈善信托发展报告（2016—2017）》，中国社会出版社 2018 年版，第 149 页。

(二)当前实现慈善信托税收优惠的变通做法

由于缺乏慈善信托税收优惠的具体政策,实务中,慈善信托当事人不得不通过一定的交易结构设计,为慈善信托争取相关的税收优惠。例如,为了帮助慈善信托的委托人实现所得税税前抵扣的税收优惠,具体操作中存在以下三种变通做法:

1. 委托人先捐赠财产再设立慈善信托。这种做法,主要存在于以信托公司作为慈善信托受托人的情形中,财产所有人先将财产捐赠给慈善组织,慈善组织在财产所有人向其捐赠时开具捐赠发票,从而解决财产所有人的税前抵扣问题。然后,再由慈善组织作为委托人,就捐赠财产设立慈善信托。本书认为,慈善信托与慈善捐赠是《慈善法》规定的两种并行的慈善方式,人们在参与社会公益事业时择其一为之即可。但上述做法中为了实现税前抵扣,实际上让人们为实现某一慈善目的,同时运用了慈善捐赠和慈善信托两种慈善方式,增加了慈善信托的运营成本,导致了资源的浪费和效率的降低,不值得提倡。此外,实务中慈善组织设立慈善信托是否属于公益支出存在争议。如设立环节的支出不被认定为慈善支出,则慈善信托财产也可能需要遵守慈善组织关于每年70%的支出比例下限,如此,将导致慈善信托的灵活性大打折扣。

2. 由慈善组织和信托公司担任共同受托人。这种做法中,慈善组织主要负责向委托人开具捐赠发票以及执行慈善项目,信托公司主要负责慈善信托财产的管理处分。本书认为,无论慈善组织是作为慈善信托的单一受托人还是共同受托人,其理所当然地向委托人开具捐赠发票,都是不恰当的,它完全混淆了慈善信托与慈善捐赠的区别,把慈善信托与慈善捐赠画上了等号。

3. 信托利益先捐后支付。这种做法中,慈善信托的受托人向受益人支付信托利益时,由受托人把慈善信托财产先捐赠给慈善组织,由慈善组织开具捐赠发票,再由慈善组织向受益人支付信托利益。本书认为,这种做法实际上把慈善组织视为受益人,但慈善组织并不是慈善信托的最终受益人,实际上使慈善信托存在名义受益人与实质受益人,这与信托法理不甚相符。

以上三种做法,是慈善信托税收优惠具体政策缺失情况下的权宜之计,本书认为不宜完全否定,否则在无法享受税收优惠的情形下,慈善信托在我国很难得到发展。但从法理上看,本书并不认可这些做法,因为其未能实现慈善信托作为与慈善捐赠并行的慈善方式的立法意图,同时混淆了慈善信托与慈善捐赠的本质,也增加了慈善信托运营成本、慈善组织声誉及财务处理风险等。因此,本书建议,未来应该针对慈善信托制定专门的税收优惠政策。

(三)关于慈善信托税收优惠的政策建议

域外慈善信托发展良好,很大程度上得益于税收等方面优惠政策的支持。目前,域外大多数国家对于慈善信托都给予特别的税收优惠待遇。

1. 建议借鉴国际经验,就慈善信托的整个存续期间,包括设立环节、存续环节和终止环节,制定合理的慈善信托税收优惠政策

(1)慈善信托设立环节

当委托人以资金设立慈善信托时,必须将信托资金交付至信托账户并转移给受托人。慈善信托一旦依法设立,慈善信托资金就不再属于委托人的固有财产,在这一点上类同于慈善捐赠。因此,委托人在慈善信托设立环节应当享有与慈善捐赠类似的所得税税前抵扣优惠措施。例如,在美国,委托人设立慈善信托享有税收减免,但有一定的限额,一般公司法人每年最多可扣减应纳税额的10%,自然人每年最多可扣减应纳税额的50%。

当委托人以不动产设立慈善信托时,涉及增值税、土地增值税等;委托人以艺术品等动产设立慈善信托,涉及增值税等;慈善信托财产的转移环节,还涉及印花税等。对此,域外的慈善信托通常享有税收优惠。例如,在日本,委托人向慈善信托受托人转移信托财产免征消

费税(增值税)。[1] 对此,我国目前均无明确的税收优惠规定。假设以不动产设立慈善信托,存在被认定为视同转让,并以不动产的公允价值确定转让收入缴纳增值税、所得税的风险。

当委托人以遗嘱方式设立慈善信托时,涉及遗产税等。对此,域外的慈善信托也有税收优惠政策。例如,在英国,"对于遗嘱形式设立的慈善信托而言,在保证捐赠者未从受赠方获取利益的前提下,永久性慈善信托免征遗产税"[2]。又如,在日本,"遗产税方面,因继承、遗赠所取得金额成为特定慈善信托支出时,该金额不算入遗产税课税计算基础,免征遗产税"[3]。当前,我国尚未开征遗产税,这方面的优惠无从谈及。

本书认为,当综合考虑慈善信托的税收优惠有困难时,为了促进我国慈善信托有序健康发展,可以优先解决慈善信托设立环节委托人的税前抵扣问题。对此,《慈善法》第 88 条已经明确规定,即自然人、法人和非法人组织设立慈善信托开展慈善活动的,依法享受税收优惠。建议国务院有关部门抓紧制定具体办法,给予慈善信托委托人税前抵扣优惠。本书作者建议,当慈善信托的委托人为自然人时,可持民政部门的慈善信托备案证明申请税前抵扣,即自然人委托人凭备案的慈善信托证明文件,在进行年度纳税申报时进行税前抵扣。对此,建议有关部门可以进一步明确自然人委托人设立慈善信托所享有税前抵税的额度。

(2)慈善信托存续环节

慈善信托存续过程中,如果涉及慈善信托财产的管理处分,慈善信托财产的形态、数量和规模等均可能发生变化。

当慈善信托财产投资产生增值收入时,将涉及增值税等。从域外情况看,慈善信托的受托人在经营慈善信托财产时,只对营利性收入缴纳税款,而无须就其他收入(如捐款、应付款、补贴或资助等)交税。例如,在英、美两国,慈善信托财产所产生的孳息,无论是利息收入、租金收入

---

[1] 参见中国信托业协会编著:《慈善信托研究》,中国金融出版社 2016 年版,第 42 页。

[2] 中国信托业协会编著:《慈善信托研究》,中国金融出版社 2016 年版,第 19 页。

[3] 中国信托业协会编著:《慈善信托研究》,中国金融出版社 2016 年版,第 43 页。

还是投资所得,只要所得全部用在慈善目的上,就全额免税。在英国,“通常情况下,慈善机构(不论是信托还是公司)可豁免所得税(除了股息收入)、资本利得税、公司税、遗产税和印花税”[1]。英国“《增值税法》中明确指出,凡是满足慈善是其唯一目的的慈善组织(包含慈善信托),自有资产的资本利得全部免税,慈善信托开展的非商业活动可以获得相应的增值税退税”[2]。日本所得税法也有类似规定,即慈善信托的收益,不征所得税。当前,我国对受托人利用慈善信托闲置资金,开展投资管理所取得的投资收益、资产转让收入等,是否须缴纳所得税等并没有明确规定。

当慈善信托受托人持有股权、不动产或动产时,涉及增值税、房产税等;当慈善信托受托人处置股权时,涉及增值税等;当慈善信托受托人持有不动产并将不动产用于营业时,涉及房产税等;当慈善信托受托人持有车辆、船舶时,涉及车船税;等等。对此,域外的慈善信托通常享有税收优惠。例如,英国对慈善信托占用的土地及地上建筑物免征50%土地税,日本对受托的土地、房屋不征固定资产税。

(3)慈善信托终止环节

慈善信托受益人从慈善信托中取得福利、救济性质的款项,涉及所得税等。对此,域外的慈善信托受益人通常享有免于缴纳所得税等相关税收优惠,如受益人从慈善信托处取得的收入免税等。

对此,我国《慈善法》第89条规定,受益人接受慈善捐赠,依法享受税收优惠。本书认为,这一规定应同样适用于慈善信托,即受益人接受慈善信托利益,也依法享受税收优惠。

本书认为,从设立、存续、终止环节去设计慈善信托的税收优惠政策比较科学。但是,这样设计比较具体,也比较复杂。因此,本书建议慈善信托的税收优惠,可以比照慈善捐赠的优惠政策制定并执行,因为慈善

---

〔1〕 [英]D. J. 海顿:《信托法》(第4版),周翼、王昊译,法律出版社2004年版,第114页。

〔2〕 中国信托业协会编著:《慈善信托研究》,中国金融出版社2016年版,第20页。

信托与慈善捐赠虽然运用完全不同的法律原理，但它们在本质属性、慈善目的、公益效果等方面几乎没有差别。从域外实践来看，大部分国家和地区的慈善信托比照慈善捐赠享受税收优惠，具体的优惠方式有免税、税前扣除、直接抵税 3 类，优惠的税种包括所得税、财产转让税、遗产税、印花税等。"在慈善信托身份属性的制度保障方面，英国法将其明确认定为一种非法人型慈善组织，尤其是在政府监管层面，往往承认慈善信托与慈善公司（charitable company）等并列作为一种组织类型。"[1]也就是说，慈善信托被明确纳入慈善组织的范畴，其治理、监管与税收优惠等，与慈善组织基本上适用一致的规则。美国的情况与英国基本一样，在联邦税法上，慈善信托属于慈善组织（免税组织），并不会因为其信托身份而受到差异明显的规则规制。日本虽有不同但也有相似之处，"在《视为公益法人案》和《信托财产课税主体案》中，日本慈善信托的信托财产被视为'非人格社团'，虽非法人，但作为一种课税主体，税法上视为公益法人，适用公益法人税收优惠规定"[2]。

2. 建议避免对慈善信托财产双重或多重征税

信托制度具有"一物二权"的特征，形成受托人仅为信托财产法律上的所有人、信托财产实质上归受益人享有的结果。因此，应结合税制基本原则与信托活动特点，合理设计信托税制。当前，域外信托税制主要遵循两大理论：一是信托导管理论，将信托视为委托人向受益人传输利益的导管，将信托利益归属于受益人，就信托所得直接对受益人课税；二是信托实体理论，将信托视为经营实体和纳税实体，将信托利益归属于信托财产本身，就信托所得对信托财产本体课税，由受托人代为缴纳。

通常认为，信托法律关系中，信托财产转移给受托人并由受托人实际控制，是出于实现信托目的所作的一种制度安排，而且这种控制是暂时性的，它只是占有、使用、处分，不享有"收益"权，并非真正的"所有"。

---

〔1〕 李德健：《后〈慈善法〉时代慈善信托制度的反思与重构》，载《社会保障评论》2021 年第 3 期。

〔2〕 中国信托业协会编著：《慈善信托研究》，中国金融出版社 2016 年版，第 41 页。

因此,自益信托中信托财产原状回流至委托人手中时,信托环节应当避免双重或多重征税;他益信托或者信托财产形态发生变化时,才需要考虑正常征税。

我国现有的税收制度,均与"一物一权"的传统财产制度相适应,尚未规定专门的信托税收政策,现行税务实践对于信托财产的转移征税一般采取"视同交易"的态度,实践中存在信托财产转移环节重复征税、受益人获取信托利益环节税收流失等问题。

对于慈善信托,更是如此,其设立、流转环节均可能涉及慈善信托税赋不合理的问题。"整个公益信托税制不够系统和全面,对征税的环节和纳税主体的规定缺乏可操作性,这一方面会造成重复征税的问题,另一方面可能会造成漏税的问题。"[1] 例如,以股权、不动产设立慈善信托,所有权人向受托人转移时发生交易过户,涉及相关税费。当前,以股权设立慈善信托需以交易方式办理过户登记,实践中要求就股权增值部分缴纳所得税,无法依法享受以历史成本确定财产转让所得的税收政策,导致股权慈善信托难以落地。

本书作者认为,避免双重或多重征税,不是优惠,而是一种合理的税收安排。建议以不动产设立慈善信托的,所有权转移应视同非交易过户,避免双重征税;以股权设立慈善信托,建议以股权的历史成本为依据确定转让收入,使以股权设立慈善信托不产生额外纳税负担,同时还可以历史成本进行纳税抵扣等。

3. 建议完善慈善信托税收优惠的认定方式

域外关于慈善信托获得税收优惠的方式不一。尽管获得税收优惠的具体方法不同,但本质上,各国都建立了较为严格的审查体系。

英国"为掌握慈善信托现状及便于监管,要求设立时进行登记,其主要作用是以有无登记作为该慈善信托是否合法的认定标准,同时登记与

---

〔1〕 赵廉慧:《信托法解释论》,中国法制出版社2015年版,第575~576页。

否也将作为是否享受税收优惠的标准"[1]。通常情况下,英国的慈善信托只要完成慈善委员会的登记,则自动获得税收优惠资格。"根据《1993年慈善法》(自1853年以来),有一个由五名委员组成的慈善委员会负责管理英格兰和威尔士的慈善机构。慈善委员会委员的职责是,通过鼓励采用更好的管理方式,为慈善受托人建议、调查和检查权利是否滥用,以促进对慈善资源的有效利用。"[2]

美国"根据《统一公益目的受托人监督法》规定,信托基金六个月内需向总检察长提交登记申请,并附上信托设立文件的副本"[3]。总体来说,美国慈善信托设立程序相对简单,但成立后要获得税收优惠资格需要税务机关的审定。日本的公益信托实行许可制,设立后也不能直接享受税收优惠,需要政府相关机构主管大臣的认定。

对于我国慈善信托税收优惠的认定,本书建议可以将慈善信托分为两大类:一类是慈善信托当事人不需要享受税收优惠的慈善信托,在民政部门备案即可,而且该备案是形式性的事后备案。另一类是慈善信托当事人需要享受税收优惠的慈善信托,在民政部门形式性备案的基础上,须对慈善信托受托人实施税收优惠资格管理,或者由国家指定的部门或者行业协会对慈善信托进行实质性审查。

三、关于促进慈善信托发展的其他措施建议

(一)建议免征相关行政事业性费用

《慈善法》第91条规定,"捐赠人向慈善组织捐赠实物、有价证券、股权和知识产权的,依法免征权利转让的相关行政事业性费用"。这一促

---

[1] 中国信托业协会编著:《慈善信托研究》,中国金融出版社2016年版,第15页。

[2] [英]D. J. 海顿:《信托法》(第4版),周翼、王昊译,法律出版社2004年版,第116页。

[3] 中国信托业协会编著:《慈善信托研究》,中国金融出版社2016年版,第29页。

进措施，是针对慈善捐赠而言的，当捐赠人向慈善组织捐赠实物、有价证券、股权和知识产权时，依法免征权利转让的相关行政事业性费用。所谓行政事业性费用，是指国家机关、事业单位、代行政府职能的社会团体及其他组织根据法律、行政法规、地方性法规等有关规定，依照国务院规定程序批准，在向公民、法人提供特定服务的过程中，按照成本补偿和非营利原则向特定服务对象收取的费用。本书认为，委托人以实物、有价证券、股权或者知识产权设立慈善信托的，也应依法免征权利转让的相关行政事业性费用。

（二）建议完善慈善信托财产登记制度

从域外经验看，当设立信托的财产为非资金时，一般需要进行信托登记。如本书第五章所述，信托登记是信托设立时对信托财产进行登记并加以识别的一种法律行为。我国《信托法》第 10 条规定："设立信托，对于信托财产，有关法律、行政法规规定应当办理登记手续的，应当依法办理信托登记。未依照前款规定办理信托登记的，应当补办登记手续；不补办的，该信托不产生效力。"根据我国现有法律、行政法规的规定，土地使用权、房屋所有权、民用航空器、船舶、车辆、商标权、专利权等发生所有权变更，必须办理相应的登记手续。也就是说，以这些特定财产设立信托，必须办理信托登记。需要注意的是，根据我国现有法律、行政法规的规定，所有权发生变更不需要办理相应登记手续的财产，如资金和大部分动产等，则不需要办理信托登记。

设立慈善信托的财产类型，不仅涉及资金，还包括动产、不动产、股权、艺术品等，同样需要办理信托登记。设立慈善信托，落实《信托法》关于信托登记的规定，具有以下现实意义：一是有利于对慈善信托受托人的监督管理，防止受托人挪用、占用慈善信托财产。二是有利于帮助实现慈善信托财产的资产隔离，当慈善信托受托人解散、破产、被撤销时，慈善信托财产不属于其破产财产或者清算财产，须移交新受托人继续管理，使慈善信托得以持久存续。

本书认为，信托登记非常必要，但仅在设立慈善信托时要求信托登记仍然不够，建议慈善信托存续期间，受托人管理处分慈善信托财产导致慈善信托财产的形态发生变化，且变化后的财产形态根据有关法律、行政法规规定应当办理登记手续的，也应当依法办理信托登记。

非常遗憾的是，我国《信托法》第 10 条关于信托登记的规定相对原则，缺乏可操作性，导致实操中无法办理信托登记，以非资金类资产设立慈善信托，其财产独立性存在法律瑕疵。据报道，在杭州市慈善信托专项改革试点工作专班的有力领导下，2022 年 10 月，杭州市五部门联合出台了全国第一个不动产慈善信托财产登记文件，2023 年取得了实质性进展，桐庐县不动产慈善信托在我国首次试点办理了慈善信托财产登记。[1] 本书建议，尽快出台全国性的慈善信托财产登记的具体规定，落实慈善信托财产具有独立性的法律安排。

(三)建议完善慈善信托财产非交易过户制度

当前委托人以股权设立慈善信托，只能参照交易过户办理股权过户手续，交易手续烦琐，而且需以股权交付时的公允价值确定转让收入并依此缴纳所得税。“对于以有限责任公司股权设立慈善信托，在修改公司章程和股东名册中有关股东及其出资额的记载的同时，也应办理工商变更登记，以实现公示效果，但是公司登记机关往往并不认可以信托合同办理工商变更登记。”[2] 这对委托人以股权设立慈善信托带来麻烦和负担，打击了人们在境内以股权设立慈善信托的热情，甚至导致一些企业家不得不选择去域外设立股权慈善信托。本书建议，尽快出台相关规定，实现股权的非交易过户。

此外，建议有关部门允许慈善信托持股的企业在申报首次公开募股

---

〔1〕 引自《金融时报》2023 年 6 月 8 日关于《首单不动产慈善信托落地　慈善信托财产来源日益丰富》的报道。

〔2〕 中国慈善联合会慈善信托委员会编：《中国股权慈善报告》，中国社会出版社 2023 年版，第 166 页。

时，不作为“三类股东”之一，在企业上市前不必清退，以利于股权慈善信托的健康规范运行。

（四）逐步培育慈善信托文化

信托之所以历经几百年的岁月洗礼，仍然熠熠生辉，是因为其具有普适性的文化价值并被普遍接受和认同，进而成为各国信托业发展的共同遵循。对此，建议我国大力培育慈善信托文化，通过信托知识宣传以及合理引导，让更多的人了解慈善信托的制度安排和架构，使慈善信托真正成为人们参与社会公益事业的一种可选方式，实现慈善信托在我国的落地生根和开花结果。

第十一章　关于家族慈善信托的思考

按中国传统，我国的家族不仅关注财富传承，也具有较强的家族慈善意愿。如何将两者有效结合起来，本书建议借鉴域外的家族慈善信托。“随着我国经济实力迈上新台阶和社会财富的进一步积累，家族信托将步入蓬勃发展期，其中嵌入慈善意愿，与慈善紧密结合的家族慈善信托，将成为我国家族财富管理的主流模式和主要特色。”〔1〕

一、家族慈善信托的概念

家族慈善信托并没有法律上的统一定义。“关于家族慈善信托，不论是我国《慈善法》还是《信托法》，都没有对其进行定义。基于字面意思，我们可将其拆解为‘家族信托’以及‘慈善信

〔1〕 中国慈善联合会慈善信托委员会编：《中国慈善信托发展报告(2019)》，中国社会出版社2020年版，第39页。

托’。”[1]为了更加准确地理解家族慈善信托,我们先来了解一下家族信托、慈善信托的概念。

(一)关于家族信托的定义

域外家族信托非常常见,是众多家庭或者家族必不可少的标配。我国过去很少考虑家族信托,是因为社会财富积累不够,人们手中基本上没有多余的财物。随着我国经济的高质量发展,社会财富不断积累,居民财富稳定增长,承载财富管理与传承功能的家族信托才开始越来越多地被关注并日渐兴起。

通常认为,家族信托是以实现委托人的家族财富管理、保护与传承等为目的,由受托人打理或处置个人或家族财富,并由受益人享有信托利益的一种信托活动。通俗地说,家族信托是一份爱的馈赠,它的存在,是为了提高家族受益人的生活质量;家族信托也是一份爱的传承,它的目的,是要让家族受益人得到恩泽和福报。

《关于加强规范资产管理业务过渡期内信托监管工作的通知》(信托函〔2018〕37 号)在我国首次提出了家族信托的定义,即指信托公司接受单一个人或者家庭的委托,以家族财富的保护、传承和管理为主要信托目的,提供财产规划、风险隔离、资产配置、子女教育、家族治理、公益(慈善)事业等定制化事务管理和金融服务的信托业务。这一定义具有以下几个特征:一是以家族财富的保护、传承和管理为主要信托目的;二是必须是他益信托,委托人不得为唯一受益人,受益人应当包括委托人在内的家庭成员;三是信托财产金额或者价值不低于 1000 万元人民币。

《关于规范信托公司信托业务分类的通知》(银保监规〔2023〕1 号)中进一步明确,家族信托是指信托公司接受单一自然人委托,或者接受单一自然人及其亲属共同委托,以家庭财富的保护、传承和管理为主要

---

〔1〕 傅昌波等:《中国家族慈善研究报告(2022)》,社会科学文献出版社 2023 年版,第 55 页。

信托目的，提供财产规划、风险隔离、资产配置、子女教育、家族治理、公益慈善事业等定制化事务管理和金融服务。家族信托初始设立时实收信托应当不低于1000万元人民币。受益人应当为委托人或者其亲属，但委托人不得为唯一受益人。家族信托涉及公益慈善安排的，受益人可以包括公益慈善信托或者慈善组织。单纯以追求信托财产保值增值为主要信托目的、具有专户理财性质的信托业务不属于家族信托。同时，该通知还提出了家庭服务信托的概念，即由符合相关条件的信托公司作为受托人，接受单一自然人委托，或者接受单一自然人及其家庭成员共同委托，提供风险隔离、财富保护和分配等服务。家庭服务信托初始设立时实收信托应当不低于100万元人民币，期限不低于5年，投资范围限于以同业存款、标准化债权类资产和上市交易股票为最终投资标的的信托计划、银行理财产品以及其他公募资产管理产品。

需要注意的是，上述家族信托定义是由金融监管部门在营业信托的基础上提出的。以营业信托形态出现的家族信托，须同时满足两个条件：一是受托人开展家族信托活动收取信托报酬，二是受托人将家族信托作为一项业务进行经营。同时，根据我国信托法理，家族信托还可以体现为民事信托。在以民事信托形态出现的家族信托中，其最低设立规模、受托人范围等要求相对宽松，如没有实收信托的最低规模限制，受托人可以是信托公司以外的自然人、法人等。区别一个家族信托是否为民事信托抑或营业信托，关键看家族信托的受托人是否以营利为目的并以此为业。传统意义上的民事信托是不收取报酬的，但信托发展到今天，受托人接受民事信托收取一定报酬也是合理的。但千万注意，民事信托的受托人不能进一步以此为业，即不得以营利为目的并构成营业。通俗地说，就是民事信托的受托人不能去招揽或承揽家族信托业务，不能反复、多次开展家族信托经营活动。一旦民事信托的受托人以营业和收取报酬为目的开展家族信托活动，就构成营业信托，而构成营业信托，其受托人必须具备更高的资质和准入要求，如在我国应当持有金融牌照等。这一点非常重要，如果受托人失格，不仅受托人要被追究相应的法律责任,而且可能导致该家族信托无效,使委托人的家族信托目的落空。

(二)关于慈善信托的定义

本书第二章已经详细介绍,这里不再赘述。

(三)关于家族慈善信托的定义

实务中,大家对家族慈善信托有不同的理解或解释。

有人认为,家族慈善信托是家族设立的慈善信托,即家族慈善信托属于慈善信托的一种类型。"结合慈善信托的定义,我们可将家族慈善信托定义为委托人基于慈善目的,依法将其个人或家族所有的财产委托给受托人,由受托人按照委托人意愿以受托人名义开展慈善活动的行为。"[1]这样定义意味着,家族慈善信托的信托目的中不包含私益因素,必须全部为慈善目的。

也有人认为,家族慈善信托是家族信托中包含慈善元素,"从域外实践看,人们开展家族信托,通常以公益慈善作为家族传承的最高境界,即在家族财富管理中既考虑私人利益,又兼顾公众利益"[2]。本书倾向于这一看法,即家族慈善信托是家族信托和慈善信托的结合体,从受益人的角度看,家族慈善信托兼顾私人利益和公众利益。对此,本书作者又把它称为"兼顾私益与公益的信托",即"同一个信托中,其信托目的既有私人目的,也包括社会公益目的"[3]。

鉴于此,本书认为,家庭慈善信托是家族委托人基于对受托人的信任,依法将其个人或家族所有的财产委托给受托人,由受托人按照委托人意愿以自己的名义,同时兼顾私人目的和慈善目的,进行管理或者处分的行为。通常,家族慈善信托具有以下几个特点:

---

〔1〕 傅昌波等:《中国家族慈善研究报告(2022)》,社会科学文献出版社 2023 年版,第 55 页。

〔2〕 中国慈善联合会慈善信托委员会编:《中国慈善信托发展报告(2019)》,中国社会出版社 2020 年版,第 38 页。

〔3〕 蔡概还:《资产管理与财富传承》,中国金融出版社 2023 年版,第 200 页。

1. 家族性。家族慈善信托的委托人通常是家族成员，信托财产来源于家族财富，其受益人也包含家族成员。通常情形下，家族企业或者家族成员还是慈善项目的执行人，让家族成员直接参与家族慈善，能够激发家族后代的正能量，更有利于体现家族的世界观和价值观。“为保证家族跨代始终能在信托架构及家族慈善治理架构下有效参与家族慈善规划与决策，家族决策模式的传承大体呈现出一代创始人掌权到二代兄弟姐妹合伙决策再到三代堂（表）兄弟姐妹中的核心团队共同决策的演变过程。”〔1〕

2. 他益性。家族慈善信托属于他益信托，虽然其受益人可以包括委托人，但委托人不得为唯一受益人，其受益人更多的是委托人以外的其他家族成员和不特定的社会公众。本书认为，为了家族慈善信托的资产隔离安排不被击穿，家族慈善信托的受益人不包括委托人为妥。

3. 公益性。家族慈善信托目的中应当包含慈善目的，以便实现家族的公益愿景。“慈善精神传承是家族财富传承的最高境界，它是一种创业精神的传承，是一种人生观、价值观的延续，对于家族事业的开展和传承具有重要意义。”〔2〕

4. 长期性。家族慈善信托的期限一般较长，甚至永续运营，希望将慈善精神代代传承。“正因为永续运转是家族对慈善信托的愿景，家族慈善信托往往要匹配短—中—长期慈善支出规划，进行有效的投资运作及流动性安排。”〔3〕

5. 投资性。为了实现家族慈善信托的长久存续，需要根据家族的风险偏好、私人目的和慈善目的等，对家族慈善信托财产作出有效的资产配置安排，尽量实现家族慈善信托财产保值增值与合理支出之间的均

〔1〕 傅昌波等：《中国家族慈善研究报告（2022）》，社会科学文献出版社 2023 年版，第 60 页。

〔2〕 中国慈善联合会慈善信托委员会编：《中国慈善信托发展报告（2018）》，中国社会出版社 2019 年版，第 76～77 页。

〔3〕 傅昌波等：《中国家族慈善研究报告（2022）》，社会科学文献出版社 2023 年版，第 59 页。

衡。“对信托公司来说,加强复合型人才的培养、提高专业水平和服务能力是促进家族慈善信托发展的关键。”[1]

我国已经备案的慈善信托中,在其名称中包含“家族慈善信托”字样的慈善信托为数不少。例如,我国 2016 年 9 月 26 日备案的“万向信托 乐淳家族慈善信托”、2018 年 5 月 16 日备案的“深圳壹基金公益基金会—林氏家族慈善信托”、2021 年 3 月 16 日备案的“中航信托·思同家族慈善信托”、2021 年 9 月 15 日备案的“中融信托—小蜡烛家族慈善信托”、2022 年 2 月 25 日备案的“中融—九翌家族慈善信托”、2022 年 3 月 7 日备案的“百瑞仁爱·MRC FLY 家族慈善信托”、2022 年 4 月 29 日备案的“中融信托—恒善家族慈善信托”,以及 2022 年 6 月 23 日备案的“山东信托·邢白家族慈善信托”等。按照本书的定义,上述均不属于家族慈善信托。因为这些信托属于慈善信托,其慈善信托财产不得用于非公益目的。例如,“万向信托 乐淳家族慈善信托”的备案规模为 5110.45万元,其慈善信托财产只能用于支持发展教育、科技、文化、艺术、体育、医疗卫生、环境及其他社会公益事业,以及扶贫、济困、扶老、救孤、恤病、助残、优抚、救助灾害事件及其他公益活动。

二、域外家族慈善信托的模式和实践

域外家族信托和慈善信托朝着融合的方向发展。“家族信托与慈善信托相结合,是域外流行的家族财富传承与公益慈善方式。”[2] 域外很多家族,都设立了家族慈善信托。

---

〔1〕 中国慈善联合会慈善信托委员会编:《中国慈善信托发展报告(2018)》,中国社会出版社 2019 年版,第 79 页。

〔2〕 中国慈善联合会慈善信托委员会编:《中国慈善信托发展报告(2019)》,中国社会出版社 2020 年版,第 39 页。

(一)域外家族慈善信托的基本模式

家族慈善信托将家族信托与慈善信托的功能合二为一,既完成家族财富的传承,保障家族后代的生活,同时将部分信托财产及收益用于慈善目的。其主要表现形式为利益分割信托(Split Interest Trust),也有人译为分割利益信托。“比较法上(美国法)存在分割利益信托。”[1]“这是美国承认的信托形态,其特点在于,从时间上分割一个信托,将私益与公益双方都放置于信托目的上。”[2]

本书根据家族慈善信托实现私益目的和慈善目的的先后顺序,进一步将家族慈善信托分为以下三类:

1. 私益目的与慈善目的不分先后,同时进行。其特点是,家族慈善信托存续期间,同时向家族受益人、慈善受益人支付信托利益,本书将其称为公私并行信托。具体来说,公私并行信托是由委托人设定特定的私益目的和慈善目的,然后在信托存续期间将信托本金及产生的投资收益,按照信托文件约定的时间、比例和数额,向私益与慈善受益人进行分配。当然,这里所谓的“同时”,并不是要求每次分配信托收益时都包括私益与慈善受益人,而是指家族慈善信托文件未规定私益与慈善受益人的先后分配顺序。从域外现有实践来看,当前这种类型的家族慈善信托居多。

2. 私益目的先行,慈善目的置后。其特点是,家族慈善信托存续期间,信托利益先由家族受益人享有,有剩余时才向慈善受益人分配。域外称为公益余额信托(Charitable Remainder Trust,CRT),亦称剩余公益信托、公益残余权信托、慈善剩余信托、慈善性余产信托等。具体来说,公益余额信托由委托人生前通过设立一个不可撤销信托,在其有生之年每年获得较为固定的收益,然后在其去世之时,信托所剩余的财产用于

---

〔1〕 赵廉慧:《信托法解释论》,中国法制出版社 2015 年版,第 562 页。

〔2〕 [日]新井诚:《信托法》(第 4 版),刘华译,中国政法大学出版社 2017 年版,第 372 页。

委托人生前事先指定的慈善目的。“这类信托的形态是最初始于为了个人的非公益性利益 = 私益而给付收益，然后为了公益团体转移残余权。”〔1〕

按照向私人支付利益是按比例给付还是按金额给付，公益余额信托进一步可分为慈善剩余固定比例信托(Charitable Remainder Unitrust, CRUT)、慈善剩余固定金额信托(Charitable Remainder Annuity Trust, CRAT)等。CRUT 中，信托设立在其生存期间或者是一定期间，把信托财产的一定比例(如 5%)作为受益受领(委托人就成了收益受益人)，其受益人死后或者经过一定的期间，把剩余的财产用于事前决定的公益目的。CRAT 中，信托的设立人在其存活期间或者一定的期间内接受固定数额的给付(如每年 5 万美元)。之后就和 CRUT 相同了。〔2〕

3. 慈善目的先行，再考虑私益目的。该类型家族慈善信托的特点正好与公益余额信托相反，在信托存续期间，信托利益先由慈善受益人享有，有剩余时才向家族受益人分配。域外称为慈善先行信托(Charitable Lead Trust, CLT)，亦称公益先行信托。具体来说，慈善先行信托由委托人设定特定的慈善目的，然后在信托存续期间将信托本金及产生的投资收益陆续向不特定的受益人进行分配，信托到期之后若有剩余，剩余的部分再支付给委托人指定的受益人。“这类信托的形态是，最初设定一定期间，向公益活动给付收益，然后剩余权转移到非公益私人。”〔3〕

(二)域外家族慈善信托典型案例

案例 1:洛克菲勒家族慈善信托

说到家族慈善信托，不得不提起美国的洛克菲勒家族。洛克菲勒家族是 18 世纪美国著名的“石油大王”，从 1870 年到现在，该家族主要依

〔1〕 [日]新井诚:《信托法》(第 4 版)，刘华译，中国政法大学出版社 2017 年版，第 372 页。

〔2〕 参见赵廉慧:《信托法解释论》，中国法制出版社 2015 年版，第 564 页。

〔3〕 [日]新井诚:《信托法》(第 4 版)，刘华译，中国政法大学出版社 2017 年版，第 372 页。

靠洛克菲勒家族慈善信托，续写着财富神话。该家族慈善信托借助受托人、信托委员会和家族办公室的专业技能以及丰富的投融资工具，进行“定制化”的财富管理，完成资产的合理配置，并通过选定的收益或财产分配方案，将累积的财富传承给家族后代，并使用其中一部分用于社会慈善事业，回馈社会。

在洛克菲勒家族慈善信托的整个信托设计中，其信托委员会具有处置信托财产的绝对权力，包括指示受托人行动以及在委员会成员一致投票通过时更换受托人。根据洛克菲勒家族慈善信托协议约定，受益人在30岁之前只能获得分红收益，并不能动用本金，30岁之后在获得信托委员会同意的前提下，可以动用信托本金，这样就限制了受益人对信托本金的自由支配。该条款的设置，一方面使家族后代能够生活无忧，另一方面也避免了子女由于经验不足或挥霍无度、不善理财而败光家产。当受益人亡故后，信托本金还可以自动传给受益人的子女，保障了家族财富的不间断传承。在这种财富传承模式下，家族财富和家族慈善精神都得以传承。慈善精神的传承不仅让洛克菲勒家族具有很强的家庭凝聚力，而且后代人才辈出。其具体架构如图11－1所示：

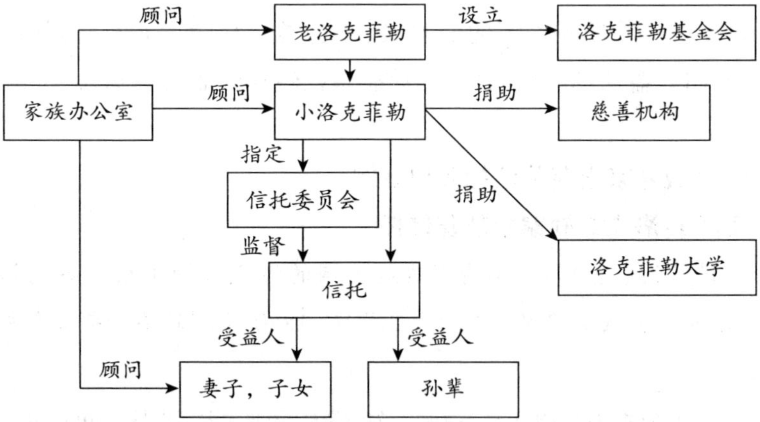

图11－1　洛克菲勒家族慈善信托架构

案例 2:沃尔顿家族慈善信托〔1〕

沃尔顿家族慈善信托主要体现为慈善先行信托。沃尔顿家族是美国零售业巨头沃尔玛的缔造者,其慈善布局主要由慈善先行信托、沃尔顿家族基金会和沃尔顿家族慈善支持基金会构成。1987 年山姆·沃尔顿(Sam Walton)和妻子海伦·沃尔顿设立沃尔顿家族基金会,并在生前设立了多个慈善先行信托。

总体而言,沃尔顿家族慈善先行信托是持有沃尔玛股权的主体,每年享有股息和分红,闲置信托财产也可以用于投资获取更多收益。自 2008 年起,沃尔顿家族基金会的捐款金额 99% 来自慈善先行信托。当慈善先行信托存续期限届满,剩余的信托财产将分配给非公益性质的受益人,即沃尔顿家族的继承人。其具体架构如图 11 -2 所示:

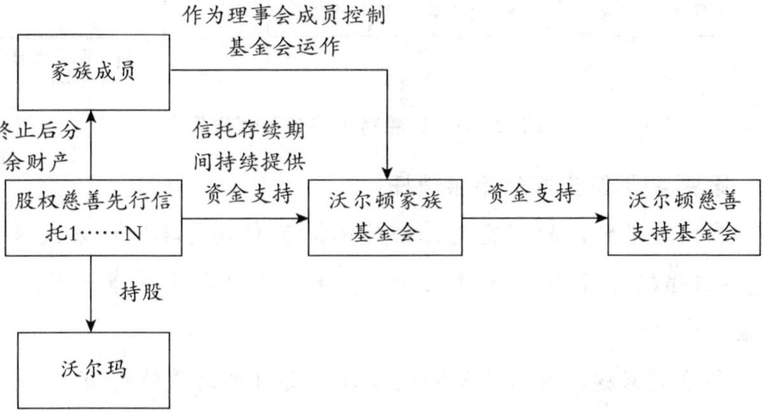

图 11 -2　沃尔顿家族慈善信托架构

案例 3:贝希特家族慈善信托〔2〕

贝希特家族慈善信托成立于 2006 年 10 月,其受托人由贝希特家族成员以及专业公司担任。在受托人的任命上,新受托人应由原受托人中

---

〔1〕 该案例主要参考中国慈善联合会慈善信托委员会编:《中国股权慈善报告》,中国社会出版社 2023 年版,第 40 ~43 页。

〔2〕 该案例主要参考中国信托业协会编著:《慈善信托研究》,中国金融出版社 2016 年版,第 23 页。

的贝希特家族成员任命，家族成员一般在年满25岁后才可以考虑被任命为受托人。

一方面，贝希特家族慈善信托实现家族财富的传承，保障贝希特子孙后代的生活，同时将信托财产及收益用于受托人根据委托人意愿选择的世界任何地方的慈善项目，特别是用于支持改善自然环境、消除对自然环境的破坏，以及提供更好的教育等方面。其具体架构如图11－3所示：

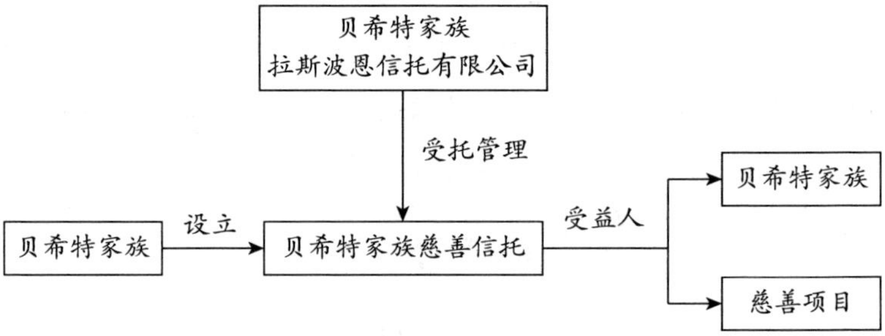

图11－3　贝希特家族慈善信托架构

案例4：邵逸夫家族慈善信托[1]

我国香港特区的邵逸夫在世时选择了家族慈善信托方式来传承财富，不仅保障了子孙后代的生活，也为推动中国慈善事业作出了积极贡献。

邵逸夫家族慈善信托是邵氏家族主要财产的最终持有者，受托人为注册于百慕大群岛的Shaw Trustee（Private）Limited，受益人则是根据信托契约挑选的任何人或慈善组织以及邵逸夫的妻子和4个子女。该家族慈善信托的部分收益传承给子孙后代，其余大部分用于社会公益事业。其具体架构如图11－4所示：

---

〔1〕　该案例主要参考蔡概还：《资产管理与财富传承》，中国金融出版社2023年版，第158～159页。

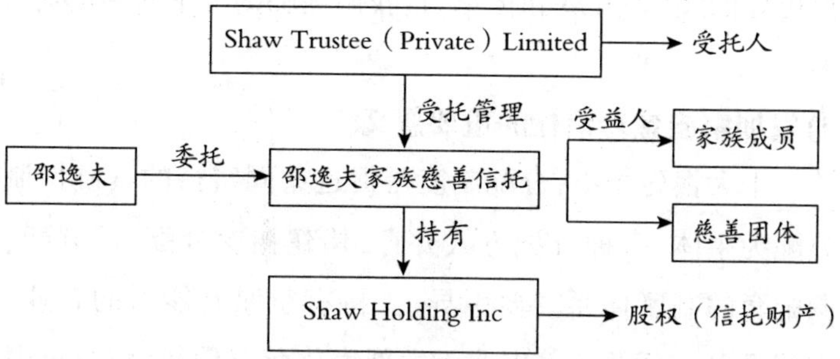

图 11-4　邵逸夫家族慈善信托架构

从上述4个案例可以看出,家族慈善信托具有以下几大功能:第一,家族慈善信托可避免家族企业控制权分散,通过家族信托与慈善信托的结合,实现家族企业股权的所有权、决策权和受益权的分离,维持对家族企业的控制权,“保证了家族股权的集中和难以分割”[1]。第二,家族慈善信托助力家族财富的税务筹划,可以获得一定的税收优惠,其中特别是家族慈善信托中用于慈善目的部分的信托本金及其收益。第三,家族通过家族慈善信托开展慈善活动,表达家族财富掌控者的慈善价值观,从而反哺家族。慈善行为可以将家族成员团结起来共同致力于慈善事业,有利于提高家族的凝聚力。慈善精神将在潜移默化中影响子孙后代的品格,延续家族传统,利于家族精神的传承。长期的慈善行为会持续提升企业的知名度、美誉度和无形资产,进而全方位提升家族的社会影响力。

三、我国发展家族慈善信托的意义和探索

家族财富管理与传承是我国现阶段家族的痛点之一。如何让家族

〔1〕 陈凌、戴俊主编:《治理传承顶层结构:家族基金会和家族信托》,浙江大学出版社2023年版,第203页。

财富获得更好的经营、发展和传承,是我国面临的一个崭新的时代课题。

(一)发展家族慈善信托的重要意义

党的二十大报告指出,分配制度是促进共同富裕的基础性制度。坚持按劳分配为主体、多种分配方式并存,构建初次分配、再分配、第三次分配协调配套的制度体系。要引导、支持有意愿有能力的企业、社会组织和个人积极参与公益慈善事业。发展家族慈善信托,将家族财富传承需求和公益慈善意愿结合起来,将在我国构建和谐社会、缩小贫富差距、扶助弱势群体、缓解社会矛盾等多方面发挥重大作用。

1. 有利于家族财富的安全与独立,解决家族的后顾之忧

从域外实践看,基于信托财产独立性的资产隔离安排,家族慈善信托具有风险隔离、专业管理、私密保护、安全保障、税务筹划及慈善传承等功能,广受企业和家族青睐。

目前,境内家族在实现财富积累的同时,更多考虑财富的安全问题。我国《信托法》赋予了信托财产法律上的独立性,从而使家族财富可以通过信托的方式达到隔离保护的目的。家族慈善信托一旦有效设立,无论是委托人还是受托人发生债权债务上的纠纷或者其他变故,都不会影响已经合法放入家族慈善信托的财产的安全与独立。"家族慈善信托的好处,不完全在于保值增值,实则是未雨绸缪,提前对个人或家族财产作出信托安排。正如曾国藩所说过的一句话:盛时常作衰时想,上场当念下场时。"[1]

当前,我国境内发展家族慈善信托的相关制度还不够完善,如信托登记、信托财产非交易过户、信托税收安排等(本书第十章已统一介绍,这里不再赘述)。不得已,目前不少家族选择在域外设立家族慈善信托,一方面造成财富外流,同时也造成企业家的外流。本书建议,我国境内

[1] 中国慈善联合会慈善信托委员会编:《中国慈善信托发展报告(2018)》,中国社会出版社2019年版,第76页。

也应提供类似于域外的家族慈善信托服务，留住财富，留住人心，促使家族将经营重心放在我国境内，促进我国经济的高质量发展。

2. 有利于稳定家族企业股权结构，持续稳定经营

家族股权是家族财富的一种重要表现形式，也是家族企业传承的核心。股权结构稳定是家族企业稳健运行与持续发展的保障，但是股东家庭状况、婚姻状况的变化可能对公司股权造成重大影响。如何做到公平而不分散家族的掌控力，不因为家大业大而导致股权在传承过程中过度分散而影响长远发展，是每一个家族企业都需要认真考虑的问题。

通过设立家族慈善信托，股权作为信托财产锁定在信托中。这样，家族慈善信托作为家族企业股权的持有人，可以有效集中股权、维护公司股权稳定，股权不会因婚姻、继承关系变化而受到影响。家族慈善信托可以在实现家族企业股权不分散的前提下，由股权的原所有人和其家族成员作为受益人享有部分受益权，同时以部分信托利益实现慈善目的的效果，即在保证家族企业控制权的前提下，引入职业经理人管理企业，同时灵活地进行受益权安排，平衡各方受益人利益。

3. 有利于优秀家族理念的代代相传

家族治理理念是家族传承的重中之重。从家族治理的角度看，财富传承与家族治理是相互影响相互促进的，良好的家族治理是家族财富传承的保障和基础，家族财富的长久传承也有利于家族治理的不断完善。一些家族制定的家族共同协议、家族宪章等实质上就是家族治理的一种尝试。

一个家族的成长，需要家族成员的心血付出。家族先辈往往有其独到的理念和思想。但家族财富传承至后辈，父辈的思想往往被抛弃。如果把优秀的家族理念写进家族慈善信托文件中，则良好的家族理念将代代相传，并影响到其后人。实践中，通常根据家族的具体需求，在设立家族慈善信托时灵活设计相关条款，把执行家族理念作为信托文件的重要内容之一。

4. 有利于实现家族传承的最高境界。家族传承包括两个方面：一是

物质财富的传承;二是家族精神的传承。家族传承不仅仅是金钱物质财富的传承,还有价值观、文化观、道德观和精神的传承,而慈善就是最高境界的家族传承。高净值人群在家族传承的过程中加入慈善元素,不仅可以体现家族企业的社会责任,也是企业家回馈社会,实现个人心愿,发挥影响力的过程。按照百年前亚当·斯密在《国富论》中勾勒出的场景,生产、消费以及慈善,这三者都承载着对社会的贡献,而慈善更体现出个体人格升华以及责任担当。

(二)我国开展家族慈善信托的模式探索

目前,我国的家族慈善信托还处于起步阶段,实践模式还有待进一步的探索。

1. 我国开展家族慈善信托的合规性分析

(1)关于公私并行信托。我国《信托法》第63条规定,公益信托的信托财产及其收益,不得用于非公益目的。这一规定同样适用于慈善信托。《慈善信托管理办法》第23条规定,慈善信托财产及其收益,应当全部用于慈善目的。这就意味着,在同一个信托中,无法同时兼顾私益目的和慈善目的。因此,我国无法直接设立公私并行信托,想要公私兼顾需要模式创新,即需要通过设立两个或者两个以上信托来实现。

(2)关于公益余额信托。原因同上,因为公益慈善信托的纯公益性,导致设立一个私益信托时无法同时兼顾慈善目的。所以我国无法设立公益余额信托,想要先私后公也需要模式创新。

(3)关于慈善先行信托。我国《信托法》第72条规定了公益信托的"近似原则"。需要注意的是,"将信托财产用于与原公益目的相近似的目的,或者将信托财产转移给具有近似目的的公益组织或者其他公益信托",是建立在"信托财产没有权利归属人或者信托财产权利归属人是不特定的社会公众"的前提之下的。也就是说,公益信托如果有权利归属人,其终止时可以不适用近似原则,即根据我国《信托法》第54条的规定,信托财产归属于信托文件规定的人。"大陆法系国家的信托法承认近似原则，但更重视剩余信托财产的归属，只有剩余信托财产没有权利归属人，或者权利归属人是不特定的社会公众，才适用近似原则。"[1]因此，我国法理上可以设立慈善先行信托，即依法设立一个公益慈善信托，同时信托文件中约定权利归属人(私人)，当公益信托终止且有剩余信托财产时，该财产归属权利归属人。

据报道[2]，为了能够同时满足高净值客户家族财富传承与家族慈善的需求，长安信托与平安银行联合在业内首次创新性地采取了"慈善先行信托+慈善信托"的模式。慈善先行信托借助于欧美地区慈善先行信托的理念，信托资金优先用于慈善目的，以慈善先行信托的收益源源不断支持"长安慈—平安天年方舟慈善信托"，以保障该慈善信托的永续，同时，每年剩余的收益又可以用于家人，兼顾委托人家族传承以及回馈社会的意愿。

2. 我国开展家族慈善信托的创新与构想

家族慈善信托具备不可撤销、风险隔离、跨代传承、公益慈善等显著特点，能够实现家族信托与慈善信托的双重目的，已经发展成为一种主流的家族财富管理方向和趋势。"对这种复合型的信托类型的存在，应该容忍，只是在管理上(特别是成立上，税收优待上)需要更复杂的规范而已。"[3]因此，本书建议，我国今后应当允许并加快家族慈善信托的发展。

鉴于前述分析，即无法在同一信托中兼顾私益目的和慈善目的。本书建议，我国在发展家族慈善信托时可以尝试进行以下模式创新。

(1)探索模式之一：家族信托与慈善信托并联模式。该模式下，在家族慈善信托项下设立一个家族信托、一个慈善信托，两个信托并联排列，从而实现既满足家族在财富传承端的需求，又满足家族在慈善精神传承

---

〔1〕　全国人大《信托法》起草工作组编：《〈中华人民共和国信托法〉释义》，中国金融出版社2001年版，第165页。

〔2〕　引自"金融界"2018年10月11日关于《平安银行与长安信托创新家族慈善信托业务模式　长安慈—平安天年方舟慈善信托顺利备案》的报道。

〔3〕　赵廉慧：《信托法解释论》，中国法制出版社2015年版，第562页。

方面的需求。需要注意的是,其中的慈善信托,仍需作为一个独立的信托向相关民政部门进行备案。(见图 11－5)

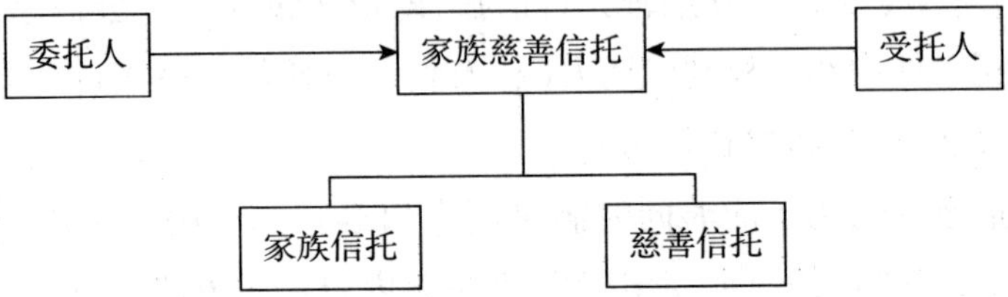

图 11－5　我国家族慈善信托探索模式之一

(2)探索模式之二:家族信托残值成立慈善信托模式。该模式下,先要设立一个家族信托,在家族信托终止并完成家族财富传承意愿后,再用家族信托的剩余财产成立慈善信托,从而实现既顺利完成家族财富的传承,又延续家族的慈善精神,提升家族企业的社会公信力与美誉度。需要注意的是,其中的慈善信托,也需作为一个独立的信托向相关民政部门进行备案。(见图 11－6)

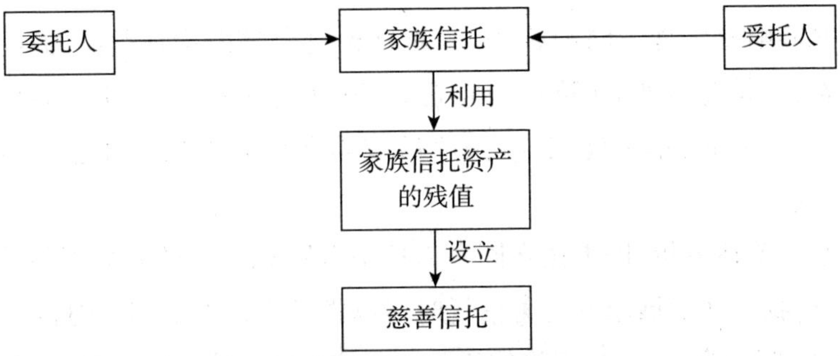

图 11－6　我国家族慈善信托探索模式之二

(3)探索模式之三:家族信托部分本金或者收益成立慈善信托模式。该模式下,先设立一个家族信托,同时以家族成员和慈善信托作为受益人。然后,以家族信托作为委托人,以家族信托的部分本金或者部分收益用于成立一个慈善信托。"在设立家族信托作为母信托的基础上,再用家族信托的一部分收益,设立慈善信托子信托,借助'双层信托'架构,通过信托业务的拓展和延伸,满足客户实现物质财富和精神财富的双重传承需求,既能使财富保值增值,又实现了慈善目的。"[1](见图 11-7)

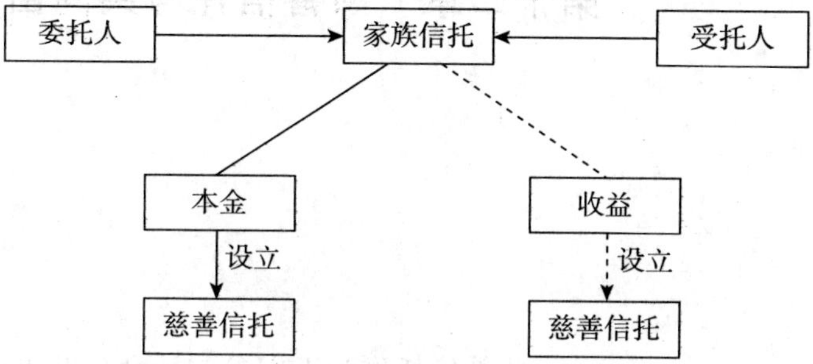

图 11-7 我国家族慈善信托探索模式之三

对于上述模式二和模式三,考虑到我国《信托法》第 19 条规定,委托人应当是具有完全民事行为能力的自然人、法人或者依法成立的其他组织。本书认为,家族信托可以看作依法成立的其他组织。《关于规范信托公司信托业务分类的通知》(银保监规〔2023〕1 号)中明确规定,家族信托涉及公益慈善安排的,受益人可以包括公益慈善信托或者慈善组织。

本书认为,将慈善信托与家族信托相结合,即设立家族慈善信托,是优秀家风传承的重要载体,是家族的一座纪念丰碑,记载着家族对家族精神、集体荣誉和社会公共利益所做出的贡献。更有意义的是,家族慈善信托让小部分信托利益用于私益目的由家族成员享有,而大部分信托利益用于慈善目的由全社会共享,一方面可以满足家族成员的生活需要,同时还可以满足更多的人对美好生活的向往,将成为未来我国家族财富管理和传承的主要模式。

〔1〕 傅昌波等:《中国家族慈善研究报告(2022)》,社会科学文献出版社 2023 年版,第 60 页。

第十二章　慈善信托与共同富裕

慈善信托作为人们参与社会公益事业的重要手段之一，在共同富裕中可以作出独特而有益的贡献。“慈善信托是我国公益事业的重要组成部分，也是三次分配的重要新生力量。在推进共同富裕道路上，应积极发挥慈善信托制度优势。”〔1〕

一、慈善信托是助力共同富裕的重要手段

共同富裕是中国特色社会主义的根本原则。在1992年的南方谈话中，邓小平同志强调“社会主义的本质，是解放生产力，发展生产力，消灭剥削，消除两极分化，最终达到共同富裕”。在2021年中央财经委员会第十次会议上，习近平总书记指出，要坚持以人民为中心的发展思想，在高质量发展中促进共同富裕。党的二十大报告进一步提出“中国式现代化是全体人民共同富裕的现代化。

〔1〕 中国慈善联合会慈善信托委员会编：《中国慈善信托发展报告（2022）》，中国社会出版社2023年版，第52～53页。

共同富裕是中国特色社会主义的本质要求”。《中共中央关于制定国民经济和社会发展第十四个五年规划和二〇三五年远景目标的建议》,要求坚持把实现好、维护好、发展好最广大人民根本利益作为发展的出发点和落脚点,尽力而为、量力而行,健全基本公共服务体系,完善共建共治共享的社会治理制度,扎实推动共同富裕,不断增强人民群众获得感、幸福感、安全感,促进人的全面发展和社会全面进步。

党的二十大报告明确,要“引导、支持有意愿有能力的企业、社会组织和个人积极参与公益慈善事业”。随着我国社会经济发展和人民收入水平提升,以公益慈善事业为主体的三次分配在推进共同富裕中的作用将越来越显著。其中,慈善信托是我国公益慈善事业的重要组成部分,也是三次分配的重要新生力量。发展慈善信托,将有利于我国慈善事业的高质量发展,助推第三次分配,助力共同富裕。

慈善信托的核心要义,是慈善信托财产的本金和收益要全部用于公益事业。同时,2023 年修正后的《慈善法》增加一条规定,即第 46 条规定,慈善信托的委托人不得指定或者变相指定其利害关系人作为受益人。慈善信托的受托人确定受益人,应当坚持公开、公平、公正的原则,不得指定或者变相指定受托人及其工作人员的利害关系人作为受益人。这意味着,慈善信托具有与慈善捐赠一样的纯公益性,人们将自己合法所有的财产拿出来设立慈善信托,就不能再将该财产拿回去,而通常须全部用于公益慈善活动。假如慈善信托终止后有剩余财产,通常还须将剩余的慈善信托财产用于与原慈善目的相近似的目的,或者将其转移给具有近似目的的慈善组织或者其他慈善信托。因此,发展慈善信托,能够缩小财富鸿沟、助力共同富裕。

2016 年以来,慈善信托通过不断探索与实践,逐步进入规范化运营、特色化发展阶段,努力服务人民美好生活,发挥了重要的社会价值。从已有的实践来看,慈善信托在共同富裕进程中主要发挥了以下作用。

(一)支持乡村振兴,巩固脱贫成果

巩固拓展脱贫攻坚成果是推进乡村振兴、实现共同富裕的基础。慈

善信托持续发挥平台作用,广泛汇集社会资金,精准对接帮扶需求,持续助力巩固拓展脱贫攻坚成果,夯实共同富裕的基础。

1. 在财产来源方面。随着我国社会经济进步,非货币性财产成为居民财富日益重要的组成部分,特别是随着资本市场、房地产市场的快速发展,越来越多的高净值人士的财富以股权、不动产等形式存在。慈善信托可以广泛动员社会力量,为巩固脱贫成果汇集各类慈善资源。除了现金类资产,慈善信托还可以接受股权、不动产等非货币类财产,进一步拓宽公益慈善事业的财产来源渠道。

2. 在信托财产运用方面。慈善信托可通过多种帮扶方式,加强慈善帮扶资源的精准对接,有效提升帮扶成效。例如,整合保险保障工具,为收入不高不稳的脱贫户、监测户等低收入群众提供防贫保险,通过发挥保险的精准性、补偿性优势,可有效扩大受益人群,防止更多群众因重大疾病、自然灾害、意外事故而返贫,并对遭受不幸事件的群众实现精准补偿,有效兜住防止规模性返贫的底线。

(二)丰富金融服务,支持产业带动

发展乡村产业,推进乡村振兴,是共同富裕的必经之路。慈善信托通过创新帮扶模式,整合金融服务,可以促进乡村特色产业发展。

1. 依托核心企业,提升产业带动效益。慈善信托可以设计保底分红、股份合作、利润返还等多种形式,为农户参与新型农业经营主体,合理分享乡村产业发展的增值收益提供平台。例如,在“产业帮扶”方面,慈善信托资金可以为乡村特色产业的龙头企业发放低息贷款,支持企业扩大农产品加工和收购规模,促进企业提供更多就业岗位增加群众收入,并且带动更多群众通过发展种植养殖业实现增收。在“精准帮扶”方面,企业运用资金向慈善信托支付的利息,全部用于资助当地患有重病、遭受意外的困难家庭,进一步巩固脱贫成果。

2. 整合信贷资源,加强对农户创业支持。慈善信托可以链接帮扶地区的基层银行、小贷公司等小额信贷发放机构,为更多农户勤劳创业提

供信贷支持，解决农户勤劳创业所需的启动资金。例如，以慈善信托资金做“风险补偿”，以合作机构放宽农户贷款条件为前提，对合作机构发放的农户贷款损失进行部分补偿，既发挥了慈善信托资金的杠杆撬动作用，又鼓励信贷机构扩大农户授信群体范围，从而为更多农户勤劳创业提供金融支持。

3. 加强保险期货联动，助力农户提升抵御市场风险能力。慈善信托可以链接保险公司、期货公司等机构，创新“信托 + 保险 + 期货”联动帮扶模式，将慈善信托的平台优势、保险的精准补偿特征、期货的风险对冲功能融于一体，在更大范围分散风险，帮助农民抵御创业经营面临的原材料或产成品市场价格异常波动的风险。例如，慈善信托与保险公司、期货公司合作，为生猪养殖群众提供饲料价格指数保险、生猪价格指数保险，当市场价格波动致使饲料结算价格高于目标价格，或者生猪结算价格低于目标价格时，由保险公司向养殖户赔偿差价，有效对冲市场价格异常波动的不利影响，使农户获得的收入有更多保障。而保险公司则通过购买场外期权的方式进行“再保险”，实现价格波动风险的转移。

（三）发展社区慈善，提升社会治理水平

共同富裕不仅包括经济高质量发展和人民生活富裕富足，还包括精神自信自强、环境宜居宜业、社会和谐和睦、公共服务普及普惠等广泛内涵，是依靠全体人民共建共治共享的共同富裕。

1. 发展社区慈善事业。我国《慈善法》第 96 条规定，国家鼓励有条件的地方设立社区慈善组织，加强社区志愿者队伍建设，发展社区慈善事业。本书认为，社区慈善信托也是发展社区慈善事业的一种重要方式。采用慈善信托方式促进社区慈善发展，不仅能更好地结合社区优势、实际，发挥慈善力量在基层治理中的独特作用，还能盘活社区慈善服务资源，培育扶持社区社会组织，完善社区慈善生态。

2. 探索特殊需要慈善信托。现实生活中，有大量的特殊需要人群需要特别的关爱和照顾，如残疾人、失能失智老人、老年痴呆患者、缺乏认

知能力或认知能力受损的人、患有孤独症的孩童等。特殊需要慈善信托是以满足和服务这些特殊需要人群的生活需求为慈善目的而设立的一种慈善信托类型。受托人通过慈善信托整合相关社会服务资源,以商业和服务相结合的方式,为特殊需要人群的长期社会保障提供信托解决方案,有利于帮助并减轻其监护人的压力,服务于社会民生需求的痛点和难点。

3. 尊重当事人意思自治,推动居民参与社会治理。域外信托广泛用于社会治理的各个方面。在我国,可积极探索慈善信托在弱势群体保护、社区物业管理、社会治理等方面的功能,助力完善社会福利、改善民生保障、化解社会矛盾、建设和谐社会。

(四)支持科学事业,促进教育发展

人民精神生活丰富、社会文明进步是共同富裕的重要内涵。慈善信托可以将支持科学文化教育事业发展作为重要的慈善目的。

1. 在科学领域。慈善信托可以资助高校、研究机构等开展科研活动,支持基础学科建设与研究,奖励杰出科学领军人才,促进我国科学事业发展。

2. 在艺术领域。慈善信托可以资助文化艺术事业,资助艺术创作与展览,支持艺术文化交流与宣传,提升社会艺术文化水平。

3. 在传统文化保护领域。慈善信托可以资助历史文化保护和非物质文化遗产传承,支持优秀地方文化的传承再造和发扬,进一步增强国民文化自信。

此外,慈善信托有助于弘扬扶贫、济困、敬老、抚幼等良好道德风尚,形成崇尚文明、助人为乐的社会风气,是精神文明的传播者和引领者。通过家族慈善信托,可以使家庭成员共同参与公益慈善活动,增进家庭成员交流,促进家庭和谐,在言传身教中促进优秀家风建设。

(五)支持生态改善,建设美丽中国

打造美丽宜居的生活环境,是广大人民群众对建设美丽家园、实现

共同富裕的殷切追求。慈善信托可以在生态系统保护和修复、农村环境污染治理、乡村生态友好型产业发展等方面发挥积极作用,促进人与自然和谐共生。

1. 支持生态系统保护和修复。可以通过设立慈善信托,进一步动员鼓励更多社会公众、慈善组织、志愿者参与江河湖海、草原沙漠等系统性生态环境的保护和治理,提升开展重要生态系统保护工作的可持续性。

2. 参与环境污染治理。慈善信托可以与土地流转信托相结合,将亟须进行治理但土地承包经营权分散于群众的沙地、林地等各类土地集中起来,实现治理权的集中管理。在此基础上,有效调动各方资源,形成治理合力,按照统一科学规划,共同推进生态保护和污染治理,有效降低环境污染的治理成本,提升治理效率。

3. 创新生态治理机制。慈善信托可以"同治理,共受益"的理念,吸引广大群众和其他利益相关者积极参与,构建一个公益组织、政府、村民、企业、社会公众等共同参与的可持续生态价值实现机制,并利用影响力投资等多种方式鼓励发展生态旅游等绿色产业,助力群众在开展生态环境保护中获得稳定收益,从而实现生态环境改善、生态产品价值提升、村民生态意识提高、乡村绿色发展等多重目标。

二、慈善信托助力共同富裕的案例〔1〕

在已备案的慈善信托中,本书重点介绍助力共同富裕的若干典型案例。

---

〔1〕 主要参考中国慈善联合会慈善信托委员会编:《中国慈善信托发展报告(2022)》,中国社会出版社2023年版,第94~105页。

(一)直接以共同富裕为主题的慈善信托

案例1:金融港湾共富慈善基金慈善信托

2022年11月,在浙江省各级政府和金融监管部门的指导下,由杭州工商信托股份有限公司和浙江省慈善联合总会共同作为共同受托人的"金融港湾共富慈善基金慈善信托"备案成立。该慈善信托备案财产规模为800万元,是国内首个由多家金融机构发起的共同富裕主题的慈善信托,致力于为浙江省乃至全国的慈善信托发展提供先进做法和样板经验。该慈善信托充分发挥了公信力强、透明度高、机制灵活、资产管理专业等优势,创新运用"母子基金"结构,由专业团队运营,为委托人提供定制化服务。"金融港湾共富慈善基金慈善信托"链接起慈善组织、公益项目、社会发展的一整套生态系统,具有真正实践高质量发展共同富裕示范区的核心意义。

案例2:大下姜富民慈善信托

2022年11月,杭州工商信托股份有限公司设立"大下姜富民慈善信托",备案财产规模为148.36万元。慈善信托资金通过特殊目的公司(SPV)进行影响力投资,被投企业将经营利润反哺浙江省淳安县下姜村的低收入农户。该项目作为"大下姜共同富裕基金"的重要一环,与当地政府机构、公益组织、律师事务所联合服务,打造出"乡村振兴联合体+专项基金+慈善信托+社会企业+影响力投资"的可持续富民集成创新模式,为推动浙江省共同富裕示范区建设提供了重要的示范案例。大下姜富民慈善信托的最大特色在于打通了一、二、三次分配:通过帮带公司为有劳动能力的低收入农户提供就业岗位,获得工资、务工收入,实现"一次分配";通过项目的管理运作,获取经营利润,实现创利纳税的"二次分配";通过社会企业经营,进行影响力投资,将企业利润反哺社会,实现"三次分配"。同时,慈善基金会和信托公司借此撬动更多的社会资源支持共富基金发展,推动实现商业向善、资本向善和金融向善。

案例 3:善行北仑共同富裕慈善信托

2023 年 1 月,昆仑信托有限责任公司作为受托人设立了“善行北仑共同富裕慈善信托”,备案财产规模为 3750 万元,用于扶贫、济困、扶老、救孤、恤病、助残、优抚、应急救援(抗疫)、教育、科学、文化、卫生、体育、环保等其他符合《慈善法》规定的公益活动。

案例 4:荣光集团“共同富裕”慈善信托

2023 年 6 月,浙江省瑞安市荣光公益基金会作为委托人,瑞安市荣光公益基金会和中诚信托有限责任公司作为受托人,备案成立了“荣光集团‘共同富裕’慈善信托”,备案财产规模为 200 万元,用于开展济困、敬老、助学、恤病、奖优、促进教育、科学、文化、卫生、体育事业的发展,以及其他符合《慈善法》的公益慈善活动。

案例 5:金谷信托 2023 东四街道星光聚力(共同富裕)慈善信托

2023 年 7 月,“金谷信托 2023 东四街道星光聚力(共同富裕)慈善信托”备案成立,期限 6 年,备案财产规模为 126.6 万元,以帮扶困、病、老、孤、残及因突发事件等情况需要救助的不特定个人或家庭(优先帮扶其中的低保及低收入等困难人员),以及支持社区志愿者为目的,助力人民实现美好生活,扎实推进共同富裕。

(二)以乡村振兴为主题的慈善信托

案例 1:蒙顶山合作社发展慈善信托

2020 年 9 月,中国扶贫基金会作为委托人,委托中航信托股份有限公司设立以乡村振兴为慈善目的的“蒙顶山合作社发展慈善信托”,期限不固定,初始规模为 500 万元,用于有效引进社会教育资源,广泛带动当地民众参与乡村建设工作,支持乡村振兴战略下的乡村合作社人才培养等相关公益慈善活动。

案例 2:徐维堂、俞芬美夫妇振兴乡村慈善信托

2021 年 10 月,万向信托股份公司受兆山新星集团有限公司董事长徐新喜及其夫人俞林林委托,设立了浙江省诸暨市首个以慈善信托永续基金形式建立的村级基金，开创了村级关爱基金建设的新模式，慈善信托遵照委托人缅怀父母、让爱延续的诉求与初衷，对沈河村敬老扶老、关爱学子、救助慰问等公益事业进行扶助和褒扬，是文明实践持续深化、村级关爱基金的有益尝试。

案例3：湖南省地方金融监督管理局助力青山村乡村振兴慈善信托

2022年3月，湖南省财信信托有限责任公司设立了全国首单由金融监管部门发起的乡村振兴慈善信托，通过"金融+慈善"的模式，更好地助力三农工作和乡村振兴，建立起长效帮扶机制。该慈善信托每年将使用慈善信托财产用于湖南省邵阳市洞口县石柱镇青山村公益性救助或奖励，以及青山村村民利益密切相关的公益性事业建设，为乡村发展赋能，助力乡村振兴。

案例4：中铁信托—中国志愿服务基金会—中国中铁乡村振兴1号、2号慈善信托

2022年9月，"中铁信托—中国志愿服务基金会—中国中铁乡村振兴1号慈善信托"备案成立，无固定期限，备案财产规模为7930万元，用于支持扶贫、济困、助学、乡村振兴等公益慈善活动，以及支持其他符合《公益事业捐赠法》《慈善法》规定的公益活动。2023年6月，"中铁信托—中国志愿服务基金会—中国中铁乡村振兴2号慈善信托"备案成立，无固定期限，备案财产规模为8200万元，用于支持山西省保德县，湖南省汝城县、桂东县，西藏昌都市卡若区的扶贫、济困、助学、乡村振兴等公益慈善活动。

案例5：国投泰康信托国投公益乡村振兴慈善信托(2023)

2023年6月，"国投泰康信托国投公益乡村振兴慈善信托(2023)"备案成立，无固定期限，备案财产规模为9750万元，主要适用于开展定点帮扶、对口支援、援疆援藏等乡村振兴相关公益活动，以及其他符合《慈善法》规定的公益活动。

（三）以农业农村为主题的慈善信托

案例1：鲁冠球三农扶志基金慈善信托

2018年6月，“鲁冠球三农扶志基金慈善信托”备案成立，期限永续，备案财产规模为6亿元，慈善目的为“让农村发展、让农业现代化、让农民富裕，以影响力投资、以奋斗者为本、量力而行做实事”，开展扶贫、济困、扶老、救孤、恤病、助残、优抚、救灾等慈善活动，促进教育、科技、文化、卫生、体育、环保等事业发展。它秉承了鲁冠球先生“财散则人聚，财聚则人散，取之而有道，用之而快乐，利他共生，共创共享”的理念。

案例2：长安慈·脱贫攻坚关爱农村三留守群体慈善信托项目

2020年9月，长安国际信托股份有限公司推出了“长安慈·脱贫攻坚关爱农村三留守群体慈善信托项目”，旨在发挥金融行业优势，助力脱贫攻坚和乡村振兴国家战略，关爱陕西农村留守老人、留守妇女、留守儿童等弱势群体，巩固脱贫攻坚成果，助力全面建成小康社会。该慈善信托大力孵化本土机构，积极探索慈善信托作为资助方支持公益基金会的专业服务模式，打造出创新的慈善信托项目路径。

案例3：建信信托—建信联合定点帮扶慈善信托

2021年12月，“建信信托—建信联合定点帮扶慈善信托”备案成立，期限3年，备案财产规模为600万元，用于帮助陕西省安康地区农村生活环境改造、重点疾病筛查和预防等公益事业，防止脱贫地区返贫；对口帮扶安康市汉滨区粮茶村，改善当地农村建筑工人劳务生态；开设乡村振兴实习专岗，为粮茶村大学生提供社会实践机会。

案例4：袁隆平慈善信托

2022年5月，应袁隆平院士夫人邓则女士的委托，湖南省财信信托有限责任公司设立了“袁隆平慈善信托”，信托财产及后续投资收益将全部用于奖励现代农业科技及生产发展领域中作出突出贡献的个人和团体，参与农业发展项目及服务于农业领域的科研创新、科技成果转化，资助农业发展领域优秀科技人才国内外进修，资助优秀中青年农业科技工作者主持的农业科研项目,以及设立农业高校优秀学生奖学金等公益慈善活动。该慈善信托支持资金追加,以达到促进扩大公益效能的目的,同时发挥示范和带动作用。

案例5:云南信托大爱星火—鹿鸣乡增绿增收慈善信托

2022年9月,“云南信托大爱星火—鹿鸣乡增绿增收慈善信托”备案成立,以公益慈善的方式助推当地特殊困难人群发展肉牛养殖。在为困难农户实现增收过程的同时,以“青绿饲料→草食动物→粪→田”的农牧循环发展新模式,选择种植生命力强且经济效益明显、投资小、见效快的巨菌草、甜象草等多年生优质牧草和杂交构树,增加当地绿植覆盖,实现鹿鸣乡生态保护与经济发展双赢局面。

(四)以社区治理为主题的慈善信托

案例1:中信·何享健慈善基金会2017顺德社区慈善信托

2017年5月,“中信·何享健慈善基金会2017顺德社区慈善信托”备案成立,期限永久,备案财产规模为4.92亿元。该慈善信托不动用本金,每年用投资收益支持顺德区的扶贫、救济、养老、教育、文化建设、村居福利等综合性的公益慈善需求,推动公益慈善事业的发展与提升,共同建设更具人性和富有吸引力的顺德社区。“中信·何享健慈善基金会2017顺德社区慈善信托”成立以来,“资助教育发展、社区照顾、社区营造、行业支持项目超700个,覆盖顺德区10个镇199个村居,助力顺德幼儿有优育、长者有照顾、文化有传承、社区有力量”[1]。

案例2:光信善·里仁社区伙伴慈善信托

2020年9月,“光信善·里仁社区伙伴慈善信托”备案成立,无固定期限,备案财产规模为136.92万元,用于有序开展社区公益项目、社区公益活动、社区公益组织培育、社区治理、社区服务等各类慈善活动,推

---

〔1〕 傅昌波等:《中国家族慈善研究报告(2022)》,社会科学文献出版社2023年版,第282页。

动中国公益事业发展。

案例 3：平安刘昌琴慈善信托

2021 年 12 月，平安信托有限责任公司设立了四川省首个支持社区发展治理的慈善信托——“平安刘昌琴慈善信托”，永久存续，备案财产规模为 300 万元，聚焦于社区信义治理的创新实践；关注城市资源的再生循环利用与环境保护；促进培养美妆行业人才，支持社区女性就业发展；关爱环卫工群体；倡导社区可持续发展。

案例 4：杭工信·现代社区慈善服务慈善信托

2023 年 3 月，杭州市慈善总会（杭州市慈善联合会）作为委托人，设立了“杭工信·现代社区慈善服务慈善信托”，无固定期限，备案财产规模为 300 万元，用于捐助“杭州市现代社区建设”及其他符合《慈善法》规定的慈善活动。

案例 5：中诚 2023 农银壹私行·乍浦社区发展慈善信托

2023 年 12 月，浙江省平湖市乍浦镇社区发展基金会作为委托人，设立了“中诚 2023 农银壹私行·乍浦社区发展慈善信托”，无固定期限，备案财产规模为 50 万元，用于培育和扶持乍浦镇村社区志愿服务团队、社会组织，资助社会公益项目、村社区公益人才项目、村社区发展治理项目、社区发展相关的学术交流与科研活动等，以及开展符合《慈善法》规定的其他慈善活动。

（五）以教育科创为主题的慈善信托

案例 1：中国平安教育发展慈善信托计划

2016 年 9 月，由深圳市社会公益基金会等 28 人作为委托人，设立了“中国平安教育发展慈善信托计划”，永久存续，备案财产规模为 2030.45 万元，用于教育发展等慈善事业。

案例 2：外贸信托 2020 年度中化集团圆梦行动慈善信托

2020 年 7 月，“外贸信托 2020 年度中化集团圆梦行动慈善信托”备案成立，期限 10 年，备案财产规模为 208.1 万元，2021 年追加 502.9930

万元,2022 年追加 554.5585 万元,2023 年追加 505.3393 万元,累计达 1770.99 万元,用于资助西藏、青海、内蒙古等地区的贫困中小学生、高中生和大学生顺利完成学业。

案例 3:华鑫信托·2022 同鑫善行一号横店创享教育慈善信托

2022 年 12 月,由浙江省东阳市横店社团经济企业联合会作为委托人,设立了“华鑫信托·2022 同鑫善行一号横店创享教育慈善信托”,期限 20 年,备案财产规模为 2 亿元,用于捐资办学、设立优秀教师奖、设立优秀学生奖等教育公益相关慈善项目。

案例 4:华润信托·西湖教育慈善信托

2023 年 9 月,由华润深国投信托有限公司担任受托人的“华润信托·西湖教育慈善信托”备案成立,永久存续,备案财产规模为 1 亿元,主要用于支持西湖大学符合条件的科研项目和人员的引进和发展,支持开展科普支教,建立科学角。

案例 5:陕国投·泽创 2309001 号慈善信托

2023 年 12 月,陕西省国际信托股份有限公司与北京观韬(西安)律师事务所作为委托人设立“陕国投·泽创 2309001 号慈善信托”,备案期限 10 年,备案财产规模为 800 万元,信托资金用于捐助西北工业大学教育基金会在西北工业大学范围内选择的从事科技创新、学科建设及改善教学科研设施的自然人、法人或非法人组织。

(六)以绿色发展为主题的慈善信托

案例 1:中航信托·绿色生态慈善信托

2017 年 9 月,中航信托股份有限公司联合中华环境保护基金会,设立了“中航信托·绿色生态慈善信托”,资助和开展保护环境、促进绿色生态事业发展的活动及项目,资助和开展绿色生态管理、宣传教育、学术交流和培训活动及项目,支持和资助促进绿色生态事业发展的科学研究、科技开发和示范项目,开展和资助促进绿色生态事业发展的国际交流与合作。

案例2：大鹏半岛生态文明建设慈善信托

2018年1月，深圳市社会公益基金会接受深圳市大鹏新区管理委员会委托，设立“大鹏半岛生态文明建设慈善信托”，备案财产规模为2000万元。作为全国首个以“政府委托＋慈善组织受托”为设立模式的慈善信托，该信托致力于发挥政府资金的杠杆效应和引导作用，联合社会资源共同参与大鹏半岛生态文明建设。该慈善信托的设立，为推动中国慈善信托实践推广和生态建设资金社会化运作作出了全新的制度探索及贡献。

案例3：兴业信托·兴慈善1号绿色慈善信托

2021年8月，兴业国际信托有限公司与中华环境保护基金会合作，通过打造“绿色＋公益＋慈善信托”的模式，创立了我国首个以生物多样性保护为主题的绿色慈善信托——“兴业信托·兴慈善1号绿色慈善信托”。该信托围绕《生物多样性公约》第十五次缔约方大会主题开展相关公益活动，旨在通过多元的方式促进全球生物多样性保护的交流与合作，进一步推动慈善事业及生态环境保护公益事业的发展。

案例4：平安碳中和绿色金融发展慈善信托

2021年12月，由平安国际融资租赁有限公司、平安普惠融资担保有限公司作为委托人，设立了“平安碳中和绿色金融发展慈善信托”，永久存续，备案财产规模为590万元。该慈善信托主要围绕碳中和目标，致力于推广绿色清洁能源，普及绿色金融理念，促进低碳经济建设，推动绿色发展转型。

案例5：建信信托2022绿色乡村慈善信托

2022年8月，“建信信托2022绿色乡村慈善信托”备案成立，期限30年，备案财产规模为800万元，用于支持乡村振兴，推动碳中和，保护和改善生态环境，促进教育、科学、文化、卫生、体育等事业的发展，以及其他符合《慈善法》规定的慈善活动。

（七）以文化传承为主题的慈善信托

案例1：华润信托·和园文化保育慈善信托计划

2018年4月，“华润信托·和园文化保育慈善信托计划”备案成立，期限永续，备案财产规模为3000万元，用于支持和园文化发展中心，由和园文化发展中心执行和园的运营管理和文化营造，助力和园成为岭南传统文化承载平台，促进岭南文化的传承、再造和发扬。

案例2：北京信托·2019首善惠文001号慈善信托

2019年12月，“北京信托·2019首善惠文001号慈善信托”备案成立，期限永续，备案财产规模为510万元，用于促进和支持北京市历史文物保护、历史文化传承等文化事业发展，如圆明园遗址公园残雕沉思展区“雕西洋花建筑构件”的修缮等，助力历史文物保护。

案例3：中航信托·中华慈善总会家族慈善文化建设慈善信托

2022年3月，中华慈善总会作为委托人设立“中航信托·中华慈善总会家族慈善文化建设慈善信托”，无固定期限，备案财产规模为150万元，旨在通过研究、教育、倡导、传播、慈善实践等方式开展慈善活动，促进家族慈善文化建设和慈善信托等家族慈善事业，推动慈善事业发展，助力实现共同富裕。

案例4：长安之光·西安古城墙保护与传承慈善信托

2022年6月，“长安之光·西安古城墙保护与传承慈善信托”备案成立，期限3年，备案财产规模为148.9万元，用于开展以文化遗产保护与传承为目的，以保护修缮西安文明古迹为起点，弘扬文化自信的慈善项目，以及开展由决策委员会同意的、符合《慈善法》的其他慈善项目。

案例5：金平湖幸福民生慈善信托

2023年7月，浙江省平湖市慈善总会作为委托人设立“金平湖幸福民生慈善信托”，无固定期限，备案财产规模为300万元，用于救助帮扶、浙有众扶“同心向善”、婚俗改革一件事等项目实施，促进移风易俗、精神文明、共同富裕、数字化改革等社会公益事业发展，以及支持其他符合

《慈善法》规定的公益活动。

三、建议着力发展股权慈善信托，助力共同富裕早日实现[1]

有关统计数据显示，我国居民的股票及股权资产，是仅次于住房资产的第二大居民资产类型。股权作为我国高净值群体的一大财富载体，在居民财富结构中将占据越来越重要的地位。如何在经济高质量发展的前提下，让企业家以股权类财产参与公益慈善事业，既不影响经济的高质量发展，又有利于促进共同富裕呢？我们做一个假设，假如让企业家把股权捐出来，民营企业就会脱离企业家的有效管理与代际传承，就可能伤及民营经济的根本，进而让我国经济失去发展的动力和源泉。

对此，本书认为，发展股权慈善信托，是实现共同富裕的主要抓手和重要方式。股权慈善信托是指委托人基于慈善目的，依法将其拥有的企业股权委托给受托人，由受托人按照委托人意愿以受托人名义进行管理和处分，并开展慈善活动的行为。

发展股权慈善信托，能够实现民营企业控制权、经营权和收益权的有效分离。股权慈善信托设立后，股权作为初始信托财产，其财产属性由私人财产转变为慈善信托财产，处于受托人的实际控制之下。同时，作为慈善信托财产的股权不动用，交由委托人直接或间接继续经营管理，用每年产生的股权分红来开展公益事业，并由此让企业获得更多的税收优惠和政策扶持。这样既保证了企业家对民营企业的持续经营和实际控制，又可以发挥其助力公益慈善的功能。由于公司的经营权依旧掌握在委托人自己手中，不影响其对企业的经营管理决策，企业家不会因此失去努力经营的动力。居于慈善信托的公益属性，还能够激励下一代继续创造财富，有利于家族财富和精神的传承发展，有利于激发民营

[1] 参见蔡概还：《资产管理与财富传承》，中国金融出版社2023年版，第400～402页。

经济的活力,实现经济的高质量发展。此外,股权慈善信托的期限没有限制,理论上可以永久存续。因此股权慈善信托有利于民营企业的长期稳定的经营管理,使其作为一个活水源头,发挥先富帮后富的作用,积极参与和兴办社会公益事业,实现企业健康规范经营和公益慈善事业大力发展的双赢局面。

本书建议,破除股权慈善信托发展的障碍,尽快出台股权慈善信托财产登记、股权慈善信托税收优惠政策等。同时,建议解决股权过户、股权上市等政策障碍。当前委托人以股权设立慈善信托,只能参照交易过户办理股权过户手续,交易手续烦琐,而且需以股权交付时的公允价值确定转让收入并依此缴纳所得税。这对委托人以股权设立慈善信托带来沉重的纳税负担,打击了人们在境内以股权设立慈善信托的热情,甚至导致一些企业家不得不选择去域外设立股权慈善信托。此外,建议有关监管部门允许慈善信托持股的企业在申报首次公开募股(IPO)时,不作为“三类股东”之一,在企业上市前不必清退,以利于股权慈善信托满足更多的人对美好生活的向往。

总之,在推进共同富裕道路上,应积极发挥慈善信托制度优势。慈善组织和信托公司要通过慈善信托业务凝聚社会各界力量,拓宽慈善财产来源,精准对接慈善需求;要重点关注地区差距、城乡差距、收入差距等问题,引导社会大众将资源投放至共同富裕的薄弱环节;要因地制宜、创新慈善帮扶模式,建立长效帮扶机制,提升持续帮扶效果。相关部门也应完善慈善信托税收、登记等配套政策,完善慈善褒奖制度,形成全社会支持慈善信托发展的良好氛围,更好发挥慈善信托在助力共同富裕中的积极作用。

全体人民的共同富裕不是一朝一夕能够实现的,需要几代人的共同奋斗。本书希望,慈善信托的社会价值和功能价值能被充分认识、挖掘和调动,赋予其参与服务人民美好生活的更广阔的舞台。本书建议,持续加强慈善信托文化宣传教育,通过让社会上更多的人懂慈善信托、用慈善信托,开拓探索具有中国特色的,与全体人民共同进步、共同富裕的公益慈善信托发展之路。

主要参考文献

1. 全国人大《信托法》起草工作组编:《〈中华人民共和国信托法〉释义》,中国金融出版社 2001 年版。

2. 中国证券监督管理委员会组织编译:《美国〈1940 年投资顾问法〉及相关证券交易委员会规则与规章》,法律出版社 2015 年版。

3. 中国信托业协会编著:《慈善信托研究》,中国金融出版社 2016 年版。

4. 中国信托业协会编著:《信托基础》(第 2 版),中国金融出版社 2020 年版。

5. 中国信托业协会编著:《信托监管》(第 2 版),中国金融出版社 2023 年版。

6. 中国慈善联合会慈善信托委员会编:《中国慈善信托发展报告(2016—2017)》,中国社会出版社 2018 年版。

7. 中国慈善联合会慈善信托委员会编:《中国慈善信托发展报告(2018)》,中国社会出版社 2019 年版。

8. 中国慈善联合会慈善信托委员会编:《中国慈善信托发展报告(2019)》,中国社会出版社

2020 年版。

9. 中国慈善联合会慈善信托委员会编:《中国慈善信托发展报告(2022)》,中国社会出版社 2023 年版。

10. 中国慈善联合会慈善信托委员会编:《中国股权慈善报告》,中国社会出版社 2023 年版。

11. 信托法制编撰委员会主编:《信托法制》,台北,财团法人台湾金融研训院 2006 年版。

12. 李适时、李立国主编:《中华人民共和国慈善法释义》,中国民主法制出版社 2016 年版。

13. 阚珂主编:《中华人民共和国慈善法解读》,中国法制出版社 2016 年版。

14. 傅昌波等:《中国家族慈善研究报告(2022)》,社会科学文献出版社 2023 年版。

15. 王名主编:《慈善组织与慈善项目评估标准研究》,中国社会出版社 2017 年版。

16. 于秀琴、刘永策等编著:《公益慈善项目管理与能力开发》,清华大学出版社 2020 年版。

17. 李健主编:《公益慈善项目管理》,西安交通大学出版社 2018 年版。

18. [英]D. J. 海顿:《信托法》(第 4 版),周翼、王昊译,法律出版社 2004 年版。

19. 赖源河、王志诚:《现代信托法论》(增订三版),中国政法大学出版社 2002 年版。

20. [日]新井诚:《信托法》(第 4 版),刘华译,中国政法大学出版社 2017 年版。

21. 张淳:《信托法原理》,南京大学出版社 1994 年版。

22. 何宝玉:《信托法原理研究》(第 2 版),中国法制出版社 2015 年版。

23. 何宝玉:《信托法原理与判例》,中国法制出版社 2013 年版。

24. 赵廉慧:《信托法解释论》,中国法制出版社 2015 年版。

25. 徐孟洲主编:《信托法》,法律出版社 2006 年版。

26. 高凌云:《被误读的信托——信托法原论》(第 2 版),复旦大学出版社 2021 年版。

27. 李宇:《商业信托法》,法律出版社 2021 年版。

28. 陈凌、戴俊主编:《治理传承顶层结构:家族基金会和家族信托》,浙江大学出版社 2023 年版。

后　记

我之所以写这本书，是一直希望能做一点对社会有益的事情，还基于以下两方面的原因：

首先，我自1994年至2001年全程参与了《信托法》的起草工作。同时，还参与起草或修订了《慈善法》《慈善信托管理办法》《关于鼓励信托公司开展公益信托业务支持灾后重建工作的通知》等法律法规，相对了解我国公益慈善信托的法律制度安排。

其次，我于2005年专门赴美国、加拿大考察了公益慈善信托。自2016年以来，连续担任中国慈善联合会慈善信托委员会主任委员，多次承接民政部等国家有关部门关于慈善信托的课题研究，连年组织编撰慈善信托年度发展报告，致力于慈善信托在我国的普及和推广。此外，我还作为委托人参与设立了“中航信托·中慈联科技扶贫慈善信托”“光信善·楮案木信托制度进步慈善信托”等，相对了解我国公益慈善信托的应用和实践。

我其实是一个懒散的人，遇事常被人推着走。在此，我要感谢上海锦天城律师事务所李宪明律师、天津财经大学法学院李晓龙老师和国民信托博士后工作站石俊志先生。正是由于他们的联系、鼓励和推动，我才会提笔开始本书的写作。当然，我更要感谢上海锦天城律师事务所，是他们的支持和资助，本书才得以出版。

"最大程度的慈善意味着造福人类，播撒文明的种子，传递健康、正义与幸福的福音。"[1]我期盼，本书的出版，能够让更多的人了解慈善信托、实践慈善信托，助力我国慈善事业的高质量发展，满足更多的人对美好生活的向往。

因个人能力所限，书中难免有不妥错漏之处，敬请大家批评指正。

蔡概还

2024 年 2 月 18 日

---

〔1〕［美］约翰·D. 洛克菲勒：《洛克菲勒自传》，亦言译，中国友谊出版公司 2013 年版，第 82～83 页。